Stephan P. Rieker

Das Ermächtigungsgesetz vom 24.03.1933 und die Konsequenzen des Grundgesetzes

Eine verfassungshistorische Untersuchung

Diplomica Verlag GmbH

Rieker, Stephan P.: Das Ermächtigungsgesetz vom 24.03.1933 und die Konsequenzen des Grundgesetzes: Eine verfassungshistorische Untersuchung. Hamburg, Diplomica Verlag GmbH 2013

Buch-ISBN: 978-3-8428-9637-6
PDF-eBook-ISBN: 978-3-8428-4637-1
Druck/Herstellung: Diplomica® Verlag GmbH, Hamburg, 2013

Bibliografische Information der Deutschen Nationalbibliothek:
Die Deutsche Nationalbibliothek verzeichnet diese Publikation in der Deutschen Nationalbibliografie; detaillierte bibliografische Daten sind im Internet über http://dnb.d-nb.de abrufbar.

Das Werk einschließlich aller seiner Teile ist urheberrechtlich geschützt. Jede Verwertung außerhalb der Grenzen des Urheberrechtsgesetzes ist ohne Zustimmung des Verlages unzulässig und strafbar. Dies gilt insbesondere für Vervielfältigungen, Übersetzungen, Mikroverfilmungen und die Einspeicherung und Bearbeitung in elektronischen Systemen.

Die Wiedergabe von Gebrauchsnamen, Handelsnamen, Warenbezeichnungen usw. in diesem Werk berechtigt auch ohne besondere Kennzeichnung nicht zu der Annahme, dass solche Namen im Sinne der Warenzeichen- und Markenschutz-Gesetzgebung als frei zu betrachten wären und daher von jedermann benutzt werden dürften.

Die Informationen in diesem Werk wurden mit Sorgfalt erarbeitet. Dennoch können Fehler nicht vollständig ausgeschlossen werden und die Diplomica Verlag GmbH, die Autoren oder Übersetzer übernehmen keine juristische Verantwortung oder irgendeine Haftung für evtl. verbliebene fehlerhafte Angaben und deren Folgen.

Alle Rechte vorbehalten

© Diplomica Verlag GmbH
Hermannstal 119k, 22119 Hamburg
http://www.diplomica-verlag.de, Hamburg 2013
Printed in Germany

Inhaltsverzeichnis

TABELLENVERZEICHNIS II

ABKÜRZUNGSVERZEICHNIS III

1   EINLEITUNG: WEIMARS LANGER SCHATTEN 1

2   DAS ERMÄCHTIGUNGSGESETZ VOM 24. MÄRZ 1933 4

     2.1   DEUTSCHLAND ZWISCHEN 1929 UND 1933 – EINE REPUBLIK IN AUFLÖSUNG 5

     2.2   MACHTÜBERNAHME – AUF DEM WEG IN DIE DIKTATUR 13

     2.3   DAS ERMÄCHTIGUNGSGESETZ VOM 24. MÄRZ 1933 18

     2.4   ERMÄCHTIGUNGSGESETZ UND WEIMARER REICHSVERFASSUNG 29

     2.5   DIE AUSWIRKUNGEN DES ERMÄCHTIGUNGSGESETZES 34

     2.6   ZUSAMMENFASSUNG 40

3   DIE KONSEQUENZEN DES GRUNDGESETZES 42

     3.1   DIE ENTSTEHUNG DES GRUNDGESETZES 43

     3.2   WEIMARER REICHSVERFASSUNG UND GRUNDGESETZ 50

     3.2.1   ENTSCHEIDUNG FÜR DEN MATERIALEN RECHTSSTAAT 51

     3.2.2   ÜBERWINDUNG DER STRUKTURELLEN SCHWÄCHEN DER WRV 61

     3.3   DIE WERTORIENTIERTE UND WEHRHAFTE DEMOKRATIE DES GRUNDGESETZES 68

     3.4   DIE INSTITUTE ZUR SICHERUNG DES GRUNDGESETZES 73

     3.4.1   DER BESTANDSSCHUTZ DES GRUNDGESETZES 75

     3.4.2   DIE SICHERUNGEN DER „FREIHEITLICHEN DEMOKRATISCHEN GRUNDORDNUNG" 80

     3.5   ZUSAMMENFASSUNG 95

4   SCHLUSSBETRACHTUNG: DIE FREIHEITLICHSTE DEUTSCHE VERFASSUNG 97

5   LITERATURVERZEICHNIS 101

Tabellenverzeichnis

TABELLE 1: DIE GESETZGEBUNG ZWISCHEN 1930 UND 1933 7

TABELLE 2: DIE GESETZGEBUNG NACH ERLASS DES ERMÄCHTIGUNGSGESETZES...........36

Abkürzungsverzeichnis

a. F.	alte Fassung
ABl.	Amtsblatt
Abs.	Absatz
Anm.	Anmerkung
AöR	Archiv des öffentlichen Rechts
ARA	Allgemeiner Redaktionsausschuss (des Parlamentarischen Rates)
Art.	Artikel
Aufl.	Auflage
Bd.	Band
BGBl.	Bundesgesetzblatt
BVerfG	Bundesverfassungsgericht
BverfGE	Entscheidungen des Bundesverfassungsgerichts
BverfGG	Bundesverfassungsgerichtsgesetz
BVP	Bayerische Volkspartei
BWahlG	Bundeswahlgesetz
bzw.	beziehungsweise
CDU	Christlich-Demokratische Union
CSU	Christlich-Soziale Union
DDP	Deutsche Demokratische Partei
d. h.	das heißt
DJZ	Deutsche Juristenzeitung
DVP	Deutsche Volkspartei
DNVP	Deutschnationale Volkspartei
DP	Deutsche Partei
DVFP	Deutsch-Völkische Freiheitspartei
ebda.	ebenda
Ergl.	Ergänzungslieferung
Erstb.	Erstbearbeitung
f./ff.	folgende Seite, folgende Seiten

FDP	Freie Demokratische Partei
Fn.	Fußnote
gem.	gemäß
GG	Grundgesetz
HChE	Entwurf eines Grundgesetzes des Herrenchiemseer Verfassungskonvents
HdStR	Handbuch des Staatsrechts
h. M.	herrschende Meinung
Hrsg./hrsg.	Herausgeber/herausgegeben
i. S. d.	im Sinne des
i. V. m.	in Verbindung mit
JuS	Juristische Schulung
JW	Juristische Wochenschrift
JZ	Juristenzeitung
KPD	Kommunistische Partei Deutschlands
NF	Neue Folge
m. w. N.	mit weiteren Nachweisen
NJW	Neue Juristische Wochenschrift
NPD	Nationaldemokratische Partei Deutschlands
NSDAP	Nationalsozialistische Deutsche Arbeiterpartei
o.	oben
o. J.	ohne Jahresangabe
o. V.	ohne Angabe des Vornamens
PartG	Gesetz über die politischen Parteien
PR	Parlamentarischer Rat
RAF	Rote Armee Fraktion
Rdnr.	Randnummer
RGBl.	Reichsgesetzblatt
RRat	Reichsrat
RTag	Reichstag
RV	Verfassung des Deutschen Reichs vom 16. April 1871 (Reichsverfassung)

	in Anschütz/Thoma: Verfassung des Deutschen Reichs vom 11. August 1919 (Weimarer Reichsverfassung)
RGZ	Entscheidungen des Reichsgerichts in Zivilsachen
S.	Satz oder Seite
SA	Sturmabteilung
SBZ	Sowjetische Besatzungszone
SED	Sozialistische Einheitspartei Deutschlands
sog.	sogenannt(e)
Sp.	Spalte
SPD	Sozialdemokratische Partei Deutschlands
SS	Schutzstaffel
str.	streitig
u. a.	unter anderem, und andere
UdSSR	Union der Sozialistischen Sowjetrepubliken (Sowjetunion)
USA	United States of America (Vereinigte Staaten von Amerika)
v.	von
Verf	Verfassung
VVDStRL	Veröffentlichungen der Vereinigung der Deutschen Staatsrechtslehrer
VereinsG	Vereinsgesetz
Vgl.	Vergleiche
WRV	Verfassung des Deutschen Reichs vom 11. August 1919 (Weimarer Reichsverfassung)
Z	Zentrum
ZfP	Zeitschrift für Politik
zit.	zitiert
Zweitb.	Zweitbearbeitung

Sofern die Erläuterungen von Kommentaren oder Handbüchern etc. keine Rdnr. haben, ist stattdessen die Seite angegeben

1 Einleitung: Weimars langer Schatten

„An der Wiege des Bonner Grundgesetzes
haben die Gespenster von Weimar gestanden"[1]

Jede Verfassungsgebung wird mitbestimmt „von den Erfahrungen der unmittelbaren staatlichen Vergangenheit, und zwar um so stärker, je unglücklicher diese Vergangenheit war"[2]. Die Beratungen des Parlamentarischen Rates, der vom 1. September 1948 bis 8. Mai 1949 in Bonn das Grundgesetz für die entstehende Bundesrepublik Deutschland ausarbeitete, wurden deshalb dominiert von den Erfahrungen mit dem unglücklichen Ende der Weimarer Republik[3]. Denn die nationalsozialistische Diktatur kam nicht durch einen blutigen Umsturz, sie kam auf der Grundlage eines Gesetzes, das vom Deutschen Reichstag am 23. März 1933 verabschiedet und vom Reichspräsidenten ordnungsgemäß ausgefertigt wurde. Mit dem Gesetz zur Behebung der Not von Staat und Volk vom 24. März 1933[4], das schon damals besser als Ermächtigungsgesetz bekannt war[5], wurde die seit 30. Januar 1933 amtierende Reichsregierung Hitler vom Reichstag ermächtigt, ohne Zustimmung des Reichstages oder des Reichsrates und ohne Gegenzeichnung durch den Reichspräsidenten Gesetze zu erlassen. An die Stelle von Demokratie und Rechtstaatlichkeit traten auf der Grundlage eines Gesetzes, das von der zeitgenössischen Staatsrechtslehre als legal angesehen wurde[6], Willkür- und Terrorherrschaft.

Besonders dieses „äußerlich legale Hinübergleiten des deutschen Verfassungszustandes in die totalitäre Diktatur"[7] führte in den Beratungen des Parlamentarischen Rates zu einer tiefen Ablehnung der Weimarer Reichsverfassung, der man Versagen vorwarf[8]. Eine Demokratie, welche die Tyrannis so widerstandslos aus sich heraus entlassen habe, sei es nicht wert, noch einmal geschaffen zu werden, lautete das vernichtende Urteil des

---

[1] Dreher, Das parlamentarische System des Bonner Grundgesetzes, S. 130.
[2] Strauß, Der Bundespräsident und die Bundesregierung, S. 272.
[3] Vgl. Winkler, Der lange Weg nach Westen II, S. 134ff.
[4] RGBl I, S. 141.
[5] Vgl. Wadle, Das Ermächtigungsgesetz, S. 170.
[6] Vgl. Strenge, Machtübernahme 1933, S. 182f. m. w. N.
[7] Fromme, Von der Weimarer Reichsverfassung zum Bonner Grundgesetz, S. 7.
[8] Vgl. Maunz, Deutsches Staatsrecht, S. 7ff.

Parlamentarischen Rates[9]: „Bewußt oder unbewußt maß der PR der WRV eine Schuld an der Heraufführung der Demokratie zu, Bemüht, nicht nur den faktischen Erscheinungsformen der Diktatur zu begegnen, sondern tiefer zu den Ursachen der Diktatur zu dringen, die Diktatur gleichsam nachträglich in ihren Wurzeln zu bekämpfen, unterzog der PR die der Diktatur vorangehende demokratische Verfassung, die WRV, einer Revision. Das Bemühen des PR, eine von der WRV abweichende Verfassung zu schaffen, ist gleichsam eine Ausstrahlung der Gegenposition, die der PR gegen die Diktatur bezog"[10]. Das Ergebnis waren umfangreiche „Sicherungen gegen Machtmissbrauch und ‚Entgleisung' des politischen Systems, die man nur verstehen kann, wenn man die historische Situation von 1948/1949 bedenkt"[11].

Die vorliegende Arbeit will sich deshalb mit dem Ermächtigungsgesetz und seinem Einfluss auf die Entstehung der Verfassung der zweiten deutschen Demokratie beschäftigen. Zunächst soll der Weg zum Ermächtigungsgesetz und die verfassungsrechtliche Ausgangssituation aufgezeigt werden. Hier soll verdeutlicht werden, dass der Weg in die Diktatur vor dem 30. Januar 1933, dem Tag der Berufung Hitlers zum Reichskanzler, begann, die Nationalsozialisten, wie Herbert Wehner bereits 1942 feststellte, Strukturen vorfanden, die spätestens 1930 mit der Installierung von Präsidialregierungen ihren Beginn nahmen und von den Nationalsozialisten lediglich für ihre Zwecke genutzt werden mussten[12]. Diese Strukturen wiederum konnten sich nur herausbilden, da sie bereits in der Weimarer Reichsverfassung angelegt waren. Neben der Darstellung der Ereignisse in der Spätphase der Weimarer Republik und der sog. Machergreifung nimmt deshalb die Analyse der Weimarer Reichsverfassung und die damit verbundene Frage, nach der bereits in ihr selbst angelegten Missbrauchsanfälligkeit breiten Raum ein. In einem nächsten Schritt soll der Inhalt des Ermächtigungsgesetzes vom 24. März 1933 und die verfassungsrechtliche Rechtfertigung des Ermächtigungsgesetzes durch die Staatsrechtslehre der Weimarer Republik analysiert werden. Im Mittelpunkt steht hier die Weimarer Reichsverfassung und ihre Auslegung: War das Ermächtigungsgesetz, das immerhin die in der Weimarer Verfassung normierte Gewaltenteilung aufhob, verfassungswidrig oder stand es im Einklang mit den Bestimmungen der Weimarer

---

[9] Vgl. Abg. Kroll (CSU), Siebte Sitzung des Wahlrechtsausschusses vom 21. Oktober 1948, abgedruckt in: Der Parlamentarische Rat, Bd. 6, S. 114 (Nr. 7).
[10] Ebda., S. 9.
[11] Hufen, Staatsrecht II, S. 29.
[12] Vgl. Wehner, Selbstbesinnung und Selbstkritik, S. 63ff.

Reichsverfassung? Welches methodische Vorverständnis für die Auslegung der Weimarer Reichsverfassung leitete die damals herrschende Staatsrechtslehre? Sodann sollen die Auswirkungen des Ermächtigungsgesetzes vom 24. März 1933 auf den deutschen Verfassungszustand dargestellt werden, um die dramatische Bedeutung dieses Gesetzes aufzuzeigen.

Im Mittelpunkt des zweiten Teils der Arbeit stehen der Parlamentarische Rat und seine Antwort auf die „Entmächtigung der Weimarer Reichsverfassung"[13] durch das Ermächtigungsgesetz. Es soll verdeutlicht werden, dass die traumatischen Erfahrungen mit dem Untergang der Weimarer Republik die Arbeit am Grundgesetz maßgeblich beeinflusst haben und zu umfangreichen Regelungen führten, die ein neuerliches Abdriften des Staates in eine Diktatur ohne gewaltsamen Umsturz oder zumindest dem Stigma der Verfassungswidrigkeit verhindern sollen. Am Anfang des zweiten Teils soll, wie schon im ersten Teil der Arbeit, ein verfassungsgeschichtlicher Überblick über die Ereignisse zwischen 1945 und 1949 stehen, da sowohl die Alliierten, die nach dem Zusammenbruch der deutschen Staatlichkeit im Mai 1945 die Regierungsgewalt in Deutschland ausübten, als auch die Ministerpräsidenten der zwischen Mai 1945 und Januar 1947 neugebildeten Länder, Vorentscheidungen trafen, die der Verhinderung einer erneuten deutschen Diktatur dienen sollten und erhebliche Auswirkungen auf die Arbeit des Parlamentarischen Rates hatten. Sodann soll die Arbeit des Parlamentarischen Rates am Grundgesetz dargestellt werden. Hier soll aufgezeigt werden, dass nicht nur diejenigen Bestimmungen, die der Sicherung der Verfassung gegen Angriffe von Staatsorganen oder gesellschaftlichen Gruppen dienen, eine Antwort auf das Ermächtigungsgesetz vom 24. März 1933 darstellen, sondern auch viele Bestimmungen im staatsorganisationsrechtlichen Teil und im Abschnitt über die Grundrechte das Ergebnis eines intensiven Nachdenkens des Parlamentarischen Rates über die tieferen Ursachen für die Entstehung der Diktatur sind

---

[13] Bickenbach, Vor 75 Jahren, S. 199.

2 Das Ermächtigungsgesetz vom 24.März 1933

Bereits mit der Wahl Paul von Hindenburgs zum Reichspräsidenten am 26. April 1925 setzte ein „stiller Verfassungswandel"[14] ein, der den Charakter der Weimarer Republik veränderte. Die Wahl des kaiserlichen Generalfeldmarschalls war nicht der Beginn einer Phase der Stabilität des demokratischen Systems, sondern vielmehr eine Niederlage der demokratischen Republik[15]. Der 78 Jahre alte Reichspräsident führte eine äußerst aktive Rolle bei der Regierungsbildung, die er auf Grund persönlicher Präferenzen und unabhängig von den Mehrheitsverhältnissen im Reichstag vornahm[16]. Deutschland müsse „mehr nach rechts regiert"[17] werden, lautete seine Grundeinstellung.

Als im Winter 1929/1930 die Weltwirtschaftskrise Deutschland erreichte, erstarkten die Parteien am rechten und linken Rand, staatstragende Parteien wie Zentrum und DNVP vollzogen einen deutlichen Rechtsruck[18]. Die Verankerung der Demokratie in der Bevölkerung nahm empfindlichen Schaden genommen, die Weimarer Republik wurde zu einer „Republik ohne Basis"[19]. Hitlers Machtergreifung, die als Regierungsübernahme am 30. Januar 1933 begann und ihren Abschluss mit der Vereinigung der Ämter des Reichspräsidenten und Reichskanzlers am 2. August 1934 endete, bildete in dem Prozess der Auflösung der Weimarer Republik dabei lediglich die Schlussphase, die auf eine Phase des Machtverlusts (Ära Brüning) und einer Phase des Machtvakuums (Ära Papen/Schleicher) folgte[20]. Ohne die verfassungspolitische Entwicklung in den letzten Jahren der Weimarer Republik ist der Prozess der Machtübernahme nicht denkbar[21].

---

[14] Vgl. Kolb, Die Weimarer Republik, S. 130f. m. w. N.
[15] Vgl. Fest, Hitler, S. 327f.
[16] Vgl. Frotscher/Pieroth, Verfassungsgeschichte, S. 277.
[17] Reichspräsident v. Hindenburg, zit. nach: Kolb, Die Weimarer Republik, S. 85.
[18] Vgl. ebda, S. 126f.
[19] Gusy, Die Weimarer Reichsverfassung, S. 400.
[20] Vgl. Bracher, Die Auflösung der Weimarer Republik, S.257ff.
[21] Vgl. Broszat, Hitlers Staat, S. 24ff.

2.1 Deutschland zwischen 1930 und 1933: Eine Republik in Auflösung

Nach chaotischen Anfangsjahren und einer Phase der „relativen Stabilisierung"[22] Mitte der Zwanziger Jahre, erreichte die durch massive Kurseinbrüche an der New Yorker Wallstreet am 25.Oktober 1929 (sog. „Schwarzer Freitag") ausgelöste Weltwirtschaftskrise Deutschland im Winter 1929/30 und wuchs sich schnell von einer ökonomischen Krise zu einer Verfassungskrise aus[23]: Massenarbeitslosigkeit und soziale Verelendung führten im Laufe des Jahres 1930 zu einer politischen Radikalisierung, die zu einem massiven Anwachsen des linken und rechten Rands des Parteienspektrums der Weimarer Republik führten[24]. Nun rächte sich, dass es in einer Phase außenpolitischer Erfolge, wirtschaftlichen Aufschwungs und innerer Festigung der Republik zwischen 1924 und 1929 nicht gelungen war, das politische und sozialökonomische System zu konsolidieren[25]. Die Weimarer Republik war am Vorabend der Weltwirtschaftskrise nicht auf innere Erschütterungen vorbereitet und einer ernsthaften Krise nicht gewachsen[26]. Die im Reichstag vertretenen Parteien waren mit der Krise überfordert: Weder konnten sie Persönlichkeiten, die das Vertrauen der Bevölkerung besaßen, als Identifikationspersonen aufbieten noch besaßen sie die zur Krisenbewältigung nötige Kompromissbereitschaft[27].

Im März 1930 zerbrach die aus SPD, Zentrum, DDP, DVP und BVP 1928 gebildete Große Koalition unter Reichskanzler Hermann Müller (SPD) wegen Streitigkeiten über die Finanzierung der Arbeitslosenversicherung[28]. Als die Regierung Müller am 27.März 1930 ihre Demission einreichte, schlug die Stunde derer, die der Republik ablehnend gegenüberstanden. Das Ende der Regierung Müller bedeutete auch den Anfang vom Ende des Parlamentarismus. Reichspräsident von Hindenburg beauftragte den Abgeordneten der Zentrumsfraktion, Heinrich Brüning, mit der Bildung eines Präsidialkabinetts mit der Auflage, eine Rechtsregierung ohne Beteiligung der SPD zu bilden. Als Instru-

---

[22] Vgl. Kolb, Die Weimarer Republik, S. 57ff.
[23] Vgl. Gusy, Die Weimarer Reichsverfassung, S. 400ff.
[24] Vgl. ebda., S. 401.
[25] Vgl. Kolb, Die Weimarer Republik, S. 112ff.
[26] Vgl. Gusy, Die Weimarer Reichsverfassung, S.401.
[27] Vgl. Falter, Hitlers Wähler, S. 30ff.
[28] Vgl. Gusy, Die Weimarer Reichsverfassung, S. 404.

mente der Machtsicherung sollten dabei die dem Reichspräsidenten von der Verfassung verliehenen Kompetenzen dienen[29].

Der Plan, eine Präsidialregierung unter weitestgehender Ausschaltung des Reichstages und unter Wahrung der rechtlichen Vorgaben der Verfassung zu bilden, um damit eine legale Machtkonzentration vom Reichstag hin zum Reichspräsidenten zu bewirken und die alten Eliten in Armee, Verwaltung und Wirtschaft wieder zu stärken, wurde bereits ein Jahr vor dem Scheitern der Großen Koalition vorbereitet und in Angriff genommen: Bereits um Ostern 1929 wurde der Fraktionsvorsitzende der Zentrumspartei, Heinrich Brüning, von Vertrauensleuten des Reichspräsidenten in die Pläne, ein Präsidialregime zu bilden, eingeweiht[30]. Nun rächte sich, dass mit dem monarchisch-konservativ gesinnten Generalfeldmarschall Paul von Hindenburg 1925 eine Identifikationsfigur des Kaiserreiches an die Spitze der Republik gewählt wurde, der zwar formal verfassungstreu, jedoch verfassungsfremd amtierte und der parlamentarischen Demokratie ablehnend gegenüberstand[31].

Die Mittel, auf legalem Wege den Charakter der Republik in ein autoritäres Präsidialregime zu verändern, gab ihm die Verfassung in Form der Art. 25, 48 und 53 WRV. Denn Reichskanzler und Reichsminister wurden nicht nur vom Reichspräsidenten ernannt, ohne dass es einer Wahl oder Bestätigung durch den Reichstag bedurfte, sie konnten von ihm auch jederzeit gem. Art. 53 WRV wieder entlassen werden. Darüber hinaus lag das Recht zur Auflösung des Reichstages, wenn auch nur einmal aus dem gleichen Anlass, gem. Art. 25 WRV beim Reichspräsidenten und bot ihm in Form des Notstandsartikels 48 WRV die Möglichkeit im Wege von Notverordnungen am Reichstag vorbei zu regieren, ja sogar vorübergehend Grundrechte außer Kraft zu setzen.

Auch in die Gesetzgebung konnte das Staatsoberhaupt jederzeit eingreifen, da er vom Reichstag beschlossene Gesetze gem. Art. 73 Abs. 1 WRV zur Volksabstimmung bringen konnte. Zudem übte der Reichspräsident gem. Art. 47 WRV den Oberbefehl über die Wehrmacht aus. Zu einem gewissen Grad rückte damit der Reichspräsident in die Position des Kaisers und wurde deshalb auch als Ersatzkaiser bezeichnet[32]. Hinzu kam die Direktwahl des Reichspräsidenten, die eine starke Legitimation des Amtsinha-

---

[29] Vgl. Kolb, Die Weimarer Republik, S. 132.
[30] Vgl. ebda., S. 229ff. m. w. N.
[31] Vgl. Fest, Hitler, S. 387f.
[32] Vgl. Maurer, Staatsrecht I, S. 63.

bers bewirkte und nach der verfassungsrechtlichen Konzeption als eine „pouvoir neutre" ein Gegengewicht zum Parlament bilden sollte[33]. Das Regierungssystem der Weimarer Republik hatte auf diese Weise „wesentliche Elemente des konstitutionellen Regierungssystems übernommen, wies andererseits aber eine folgenschwere Strukturschwäche auf. Reichspräsident und Parlament wurden gleichermaßen vom Volk gewählt, das Regierungssystem war also durch eine ‚doppelte Volkssouveränität' gekennzeichnet"[34]. Als am 30. März 1930 Brüning seine Regierung, das sog. „Hindenburg-Kabinett"[35], vorstellte, trat der „stille Verfassungswandel"[36] in seine finale Phase: Fortan war jede Regierung allein vom Vertrauen des Reichspräsidenten abhängig, eine parlamentarische Mehrheit konnte keine Regierung mehr vorweisen. An die Stelle des Parlamentsgesetzes trat nun die präsidentielle Notverordnung[37]. Die Gesetzgebungskompetenz verlagerte sich dadurch zwischen 1930 und 1933 immer mehr von der Legislative auf die Exekutive. Das Ermächtigungsgesetz vom 24. März 1933 war somit lediglich ein weiterer, wenn auch dramatischer, Schritt in der bereits eingeleiteten Verlagerung der Gesetzgebungskompetenz von der Legislative hin zur Exekutive und kein Novum[38]:

Tabelle 1: Die Gesetzgebung zwischen 1930 und 1933
Es wurden erlassen

im Jahre	Notverordnungen auf Grund des Art. 48 WRV	Reichstagsgesetze
1930	5	98
1931	42	34
1932	60	5
1933	24	1 (Ermächtigungsgesetz vom 24.3.1933)

Quelle: Morsey, Das Ermächtigungsgesetz, S. 64 (Nr. 35)

---

[33] Vgl. Huber, Deutsche Verfassungsgeschichte VI, S. 310.
[34] Ipsen, Staatsrecht I, S. 154.
[35] Zum Begriff „Hindenburg-Kabinett": Vgl. Kolb, Die Weimarer Republik, S. 132f.
[36] Kolb, Die Weimarer Republik, S. 85.
[37] Rosenberg datiert deshalb das Ende der Weimarer Republik auf das Jahr 1930 (vgl. Rosenberg, Geschichte der Weimarer Republik, S. 211). Vgl. hierzu auch: Falter, Hitlers Wähler, S.18ff. m. w. N.
[38] Vgl. Bickenbach, Vor 75 Jahren, S. 201.

Zwar konnte der Reichstag gem. Art. 48 Abs. 3 WRV die Außerkraftsetzung der Verordnungsmaßnahmen verlangen, doch lief diese Korrekturmaßnahme der Verfassung in der Endphase der Republik weitgehend ins Leere: Reichspräsident von Hindenburg löste im Gegenzug gem. Art. 25 WRV den Reichstag auf und verschaffte der Reichsregierung eine parlamentsfreie Zeit, die das Regieren vereinfachte. Denn Art. 25 Abs. 2 WRV räumte eine Frist für Neuwahlen von bis zu 60 Tagen nach Auflösung des Reichstages ein und verschaffte damit der Regierung erhebliche Handlungsspielräume. Art. 25 WRV wurde deshalb aus guten Gründen als einer der entscheidenden Konstruktionsfehler der WRV bezeichnet, da er dem Reichspräsidenten gegenüber dem Reichstag ein Übergewicht verlieh und selbst eine missbräuchliche Anwendung der Bestimmung, die eine wiederholte Auflösung des Reichstages aus gleichem Anlass untersagte, wirksam und ohne Sanktionen blieb[39].

Das Regieren über Art. 48 WRV war hingegen in der Weimarer Republik heftiger Kritik durch die Staatsrechtslehre ausgesetzt. Insbesondere wurde darauf verwiesen, dass die Norm lediglich kurzfristige Maßnahmen zur Bekämpfung von Einzelmaßnahmen gestatte: „Die im Art. 48 Abs. 2 RV normierte Diktaturgewalt ist kein transkonstitutionelles Instrument der nationalen Sicherheit, sondern eine der Verfassung eingegliederte, ihrer Erhaltung dienende Zuständigkeit. Ihre Aufgabe ist der Schutz des im Rahmen der Weimarer Verfassung sich vollziehenden öffentlichen Lebens und damit der Sicherung und Erhaltung dieser Verfassung selbst. […] Die Benutzung der Diktaturgewalt wird aber zum Mißbrauch, wenn sie verwandt wird, um in schwierigen Situationen unter mehr oder weniger deutlicher Billigung des Parlaments selbst dieses für weitgehende Entschließungen auszuschalten und ‚auf Grund des Art. 48 zu regieren'. […] Die Diktatur ist zur Bekämpfung einmaliger Sicherheitsgefahren geschaffen, ihre Entscheidungen haben vorläufigen Charakter. Sie ist ihrer verfassungsmäßigen Funktion nach nicht ein zweiter Weg der Gesetzgebung, dessen Beschreiten dem Reichspräsidenten und der Reichsregierung, wenn sie das Parlament nicht anzugehen wünschen, neben der parlamentarischen Gesetzgebung offenstünde"[40].

Begünstigt wurde dieses Ausweichen in den Diktaturartikel durch einen weiteren Konstruktionsfehler der Verfassung. Denn der Diktaturartikel war von der Nationalversammlung bewusst weit konzipiert worden. Den Einbau materieller Grenzen, welche

---

[39] Vgl. Gusy, Die Weimarer Reichsverfassung, S. 102.
[40] Grau, in: Anschütz/Thoma, HdStR II, §80, S. 274.

über den Verfassungswortlaut hinausgingen, lehnte die Mehrheit ausdrücklich ab[41]. Es kam somit maßgeblich auf die Intention des Amtsinhabers an: „Leicht zugespitzt lässt sich formulieren: Mit demselben Instrumentarium, mit welchem unter Ebert die Republik gerettet wurde, wurde sie unter Hindenburg zerstört. Es kam demnach darauf an, welcher Gebrauch von der Notstandskompetenz gemacht wurde. Gerade weil sie so effektiv sein sollte und deshalb so wenig begrenzt war, war sie zugleich so mißbrauchsanfällig. Hier liegen Stärke und tödliche Schwäche der Republik nahe beieinander"[42].

Der Weg der Verfassungsdurchbrechung wurde von Reichskanzler Brüning, der das wenig republikanische Fernziel der Wiederherstellung der Monarchie verfolgte[43], von Anfang an konsequent beschritten. Als der Reichstag im Juli 1930 mit einer Mehrheit von 256:193 Stimmen einen Gesetzentwurf zur Durchsetzung der rigorosen Deflationspolitik der Regierung ablehnte, wurde die Gesetzesvorlage von Brüning in eine Notverordnung umgewandelt. Dies stellte nach der herrschenden Staatsrechtslehre einen klaren Verfassungsbruch dar[44]. Als der Reichstag von seinen in Art. 48 Abs. 3 WRV normierten Rechten gebrauch machte und die Aufhebung der Notverordnung vom Reichspräsidenten verlangte, reagierte Reichspräsident von Hindenburg mit der Auflösung des Reichstages. „Mit diesem Akt und an diesem Tag begann die permanente Durchbrechung des Verfassungssystems durch die Diktaturgewalt des Reichspräsidenten, die sich mit ihrer ersten Maßnahme zugleich gegen die von der Verfassung auferlegten Beschränkungen wandte"[45].

Die Reichstagswahlen im September 1930 brachten eine massive Radikalisierung der Parteienlandschaft im Reichstag. Die der Republik feindlich gegenüberstehenden Parteien KPD und NSDAP konnten ihren Stimmanteil steigern, während die verfassungstreuen Parteien SPD, Zentrum und Deutsche Staatspartei (bis 1930: DDP) und BVP massive Stimmenverluste hinnehmen mussten. Die Nationalsozialisten, die ihren Stimmenanteil von 2,6% bei den Reichstagswahlen 1928 auf 18,3% steigern konnten, waren die Nutznießer der Wahl und fortan ein politischer Faktor[46].

---

[41] Vgl. Kolb, Die Weimarer Republik, S. 19 m. w. N.
[42] Gusy, Die Weimarer Reichsverfassung, S. 113.
[43] Vgl. Brüning, Memoiren 1918-1934, S. 194, 418, 512.
[44] Vgl. Grau, in: Anschütz/Thoma, HdStR II, §80, S. 292.
[45] Schulz, Zwischen Demokratie und Diktatur, Bd. 3, S. 768.
[46] Vgl. Falter, Hitlers Wähler, S.30.

Gegründet 1919 in München, war die NSDAP vor dem von ihr initiierten Novemberputsch 1923 regional weitgehend auf Bayern beschränkt und hatte sich bis 1924 an keiner Wahl beteiligt. Der gescheiterte Umsturzversuch, der am Abend des 8. November 1923 im Münchener Hofbräuhaus begann und bereits am Mittag des folgenden Tages an der Münchener Feldherrnhalle endete, brachte die Partei in eine desolate Lage. Ihr „Führer" Adolf Hitler musste eine mehrjährige Festungshaftstrafe antreten und der übriggebliebene Führungskader der NDSAP zerfiel in rivalisierende Gruppen.

Nach Hitlers vorzeitiger Entlassung aus der Festungshaft im Dezember 1924 kam es am 27. Februar 1925 zu einer Neugründung und Neuorganisation der NSDAP. Die Putschtaktik wurde durch eine Legalitätstaktik ersetzt und die NSDAP auf eine breitere Basis gestellt. Aus der Regionalpartei wurde eine Partei mit reichsweiter, streng zentralistischer Organisation und Beteiligung an Reichstagswahlen[47]. Die Septemberwahlen brachten den Durchbruch: Rein soziologisch betrachtet war die NSDAP zur Volkspartei geworden, der es gelungen war, neben Nichtwählerstimmen auch massiv Stimmen aus dem Lager der republiktreuen Parteien zu mobilisieren[48].

Das Kabinett Brüning verlor nach den Reichspräsidentenwahlen 1932 das Vertrauen Hindenburgs, der sich einem zweiten Wahlgang stellen musste und nur dank der Unterstützung von SPD und Zentrum mit 53% der Wählerstimmen über Hitler (36,8%) siegen konnte[49]. Hindenburg, der Brüning für seine Unbeliebtheit bei den konservativen Wählern verantwortlich machte, entschloss sich nun auf Anraten seiner inoffiziellen Berater, der sog. Kamarilla, zu der insbesondere General Kurt von Schleicher gehörte, Brüning fallen zu lassen[50]. Die neue Regierung sollte nach von Schleichers Plänen von der NSDAP toleriert werden und noch weiter rechts orientiert sein als das bisherige Präsidialkabinett. Von der Reichswehr getragen sollte so ein dauerhaft anti-parlamentarisch-autoritäres Präsidialregime mit Hilfe der Verfassungsfeinde etabliert werden[51].

Das verfassungswidrige Regieren mit Art. 48 und 25 WRV ging mit Brünings Nachfolger, Franz von Papen, nahtlos weiter: Im Sommer 1932 brachte die Reichsregierung den wichtigsten Machtfaktor des Reiches, das Land Preußen, unter seine Kontrolle. Mit dem sog. Preußenschlag wurde die preußische Landesregierung unter Ministerpräsident Otto

---

[47] Vgl. Broszat, Der Staat Hitlers, S. 33ff.
[48] Vgl. ebda., S. 365ff.
[49] Vgl. Frotscher/Pieroth, Verfassungsgeschichte, S. 279.
[50] Vgl. ebda.
[51] Vgl. Huber, Verfassungsgeschichte VII, S. 972f.

Braun (SPD) abgesetzt und Preußen, das bevölkerungsreichste und wirtschaftlich stärkste Land Deutschlands, fortan von Reichskanzler von Papen, der von Hindenburg mittels Notverordnung zum Reichskommissar Preußens ernannt wurde, regiert. Mit dieser politischen Gleichschaltung Preußens, die nur teilweise vom Staatsgerichtshof bestätigt, deren damit verbundene Übertragung landesautonomer Rechte auf das Reich jedoch als verfassungswidrig verworfen wurde[52], trat die Weimarer Republik in ihre Endphase[53].

Die elf Tage nach dem Preußenschlag am 31. Juli 1932 abgehaltenen Reichstagswahlen machten die NSDAP, die ihren Stimmenanteil gegenüber den Reichstagswahlen 1930 von 18,6% auf 37,3% steigern konnte, zur mit Abstand stärksten Fraktion im Reichstag. Hitler dachte jedoch nicht an Tolerierung der Regierung Papen, wie es von Schleicher vorschwebte, sondern forderte die Kanzlerschaft, die ihm Hindenburg jedoch in einer persönlichen Unterredung am 13. August nachdrücklich verwehrte[54]. Hitler schlug daraufhin einen scharfen Konfrontationskurs zur Regierung ein, die ein Handeln Hindenburgs und seiner Berater erforderte, um die Eskalation der sich dramatisch verschärfenden Staatskrise zu verhindern[55].

Am 30. August 1932 entschloss sich Hindenburg zur Verfassungsdurchbrechung, um erfolgreiche Misstrauensanträge des Reichstages gegen die Regierung, die gem. Art. 54 WRV deren Rücktritt nach sich zog, zu verhindern: Fortan sollte die Auflösung des Reichstages ohne die in Art. 25 Abs. 2 WRV vorgeschriebenen Neuwahlen geschehen[56]. Doch es kam anders: Nach einem erfolgreichen Misstrauensantrag am 12. September 1932 wurden, wenn auch erst nach einem tagelangen Schwebezustand, Neuwahlen aus Angst vor einer erfolgreichen Klage der NSDAP vor dem Staatsgerichtshof für den 6. November 1932 angesetzt[57]. Auch wenn Hitlers Partei Verluste hinnehmen musste und nur noch auf 33,1% der Wählerstimmen kam, blieb sie dennoch die stärkste Fraktion und Hitler forderte erneut die Kanzlerschaft, die ihm erneut versagt wurde[58]. Allerdings konnte Hindenburg Papen, von Schleicher fallengelassen und ohne jede Basis im Reichstag, nicht halten und beauftragte nunmehr Schleicher selbst mit der

---
[52] Vgl. RGZ 138, Anhang, S. 1ff.
[53] Vgl. Frotscher/Pieroth, Verfassungsgeschichte, S. 281ff.
[54] Vgl. Kershaw, Hitler 1989-1936, S. 468f.
[55] Vgl. Huber, Verfassungsgeschichte VII, S. 1079ff.
[56] Vgl. Gusy, Die Weimarer Reichsverfassung, S. 412f.
[57] Vgl. Kolb, Die Weimarer Republik, S. 145.
[58] Vgl. Huber, Verfassungsgeschichte VII, S. 1149ff.

Bildung eines Präsidialkabinetts[59]. Dessen Versuch, ein parteiübergreifendes Bündnis aus Gewerkschaften, Verbänden und dem linken Flügel der NSADAP um Gregor Strasser zu schmieden, misslang jedoch und führte zum Scheitern seiner Kanzlerschaft bereits zwei Monate nach Amtsantritt[60].

Deutschland befand sich am Abgrund: Die zeitgenössische Staatsrechtslehre sprach treffend von einem Zustand der Verfassungslähmung[61]. Die Verfassungsfeinde NSDAP und KPD verfügten über eine negative Mehrheit, die es ihnen jederzeit möglich machte, einer Präsidialregierung erfolgreich das Misstrauen auszusprechen oder die Rücknahme von Notverordnungen zu verlangen[62]. Der Reichstag trat nach der Wahl im November 1932 bis zum 30. Januar 1933 nur noch einmal zusammen. Als auch noch die Gewerkschaften einen Generalstreik planten, sah Schleicher am Ende seiner kurzen Kanzlerschaft den einzigen Ausweg aus der Staatskrise in der Ausrufung des Staatsnotstandes und der Einführung einer auf die Reichswehr gestützten Militärdiktatur[63].

Der Plan, bereits seit Herbst 1932 ernsthaft erwogen, von Franz von Papen zur Rettung seiner Kanzlerschaft ins Spiel gebracht und ausgerechnet von Schleicher als undurchführbar boykottiert, scheiterte nunmehr an Papens Vergeltungsdrang, der sich weiter hohen Ansehens bei Hindenburg erfreute und seit seinem Schleicher zugeschriebenen Sturz mit intriganter Energie die Kanzlerschaft Hitlers vorbereitete[64]. Hindenburg, vor die Wahl gestellt, den Staatsnotstand auszurufen, um das Präsidialkabinett Schleicher zu retten oder Hitler die Kanzlerschaft zu übertragen, ernannte jedoch, Papens Rat folgend, am 30. Januar 1933 Hitler zum Reichskanzler. Das Papensche Einrahmungs- und Bändigungskonzept – drei Nationalsozialisten standen immerhin acht konservative Minister gegenüber, die Hitler konstruktiv einbinden und in der Regierungsarbeit „abnutzen"[65] sollten –, überzeugte den Reichspräsidenten[66]: „Zweimal hatte er sich der verfassungsrechtlichen Unmöglichkeit der Übergabe der Kanzlerschaft an einen nach der Alleinmacht strebenden Parteiführer bewusst gezeigt. Als im Januar 1933 diese Frage zum

---

[59] Vgl. Winkler, Der lange Weg nach Westen, S. 534f.
[60] Vgl. Willoweit, Verfassungsgeschichte, S. 282.
[61] Vgl. Huber, Verfassungsgeschichte VII, S. 1227 m. w. N.
[62] Mehrfach stellten DNVP, KPD und NSDAP Anträge auf Aufhebung von Notverordnungen gem. Art. 48 Abs. 3 WRV, die nur dank der SPD abgewehrt werden konnten (vgl. Kolb, Die Weimarer Republik, S. 134f. m. w. N.).
[63] Vgl. ebda. S.1228ff.
[64] Vgl. Kershaw, Hitler 1989-1936, S.512ff.
[65] Huber, Verfassungsgeschichte VII, S. 1278.
[66] Vgl. Frotscher/Pieroth, Verfassungsgeschichte, S. 302.

dritten Mal an ihn herantrat, forderte die Verantwortlichkeit, in die er als Hüter der Reichsverfassung gestellt war, von ihm an den bisherigen Bedenken festzuhalten. Statt dessen vollzog er nun, ohne auch nur um die mindesten Garantien für die Verfassungstreue des ihm vorgeschlagenen Kanzleranwärters besorgt zu sein, die Anvertrauung der Regierungsmacht an den neuen Mann, den er bis dahin verächtlich den ‚böhmischen Gefreiten' zu nennen pflegte – dies alles offenbar vor allem nur der Ungeduld folgend, der Last der Krise, in der das Reich, die Reichsverfassung und schließlich er selber als Reichsoberhaupt sich befanden, endlich ledig zu werden"[67].

2.2 Machtübernahme – Auf dem Weg in die Diktatur

Im sog. Ulmer Reichswehrprozess hatte Hitler 1930 als Zeuge sein berühmtes Legalitätsbekenntnis abgelegt und den Weg in das Dritte Reich geschildert: „Die Verfassung schreibt nur den Boden des Kampfes vor, nicht das Ziel. Wir treten in die gesetzlichen Körperschaften ein und werden auf diese Weise unsere Partei zum ausschlaggebenden Faktor machen. Wir werden dann allerdings, wenn wir die verfassungsmäßigen Rechte besitzen, den Staat in die Form gießen, die wir als die richtige ansehen"[68].Auf die Frage des Richters, ob dies auf verfassungsmäßige Weise geschehen solle, antwortete Hitler mit „Jawohl"[69].

Das Ziel der „Machtergreifung" war mit seiner Ernennung zum Reichskanzler jedoch noch nicht erreicht[70]. Denn am 30. Januar 1933 war Hitler lediglich zum Kanzler eines Präsidialkabinetts ernannt worden, Hitlers Macht somit begrenzt. Die Machtergreifung war deshalb zunächst nicht mehr als eine Machtübergabe[71]. Zwar besaßen die beiden neben Hitler in der Regierung vertretenen Nationalsozialisten mit dem Innenministerium (Frick) und der Kontrolle über die preußische Polizei (Göring gehörte dem Kabinett als Minister ohne Geschäftsbereich an und war kommissarischer preußischer Innenminister) Schlüsselpositionen, doch war Hitler weiter von der Unterstützung des Reichspräsidenten und dessen Bereitschaft, ihm vorgelegte Notverordnungen zu unterzeich-

---

[67] Huber, Verfassungsgeschichte VII, S. 1278.
[68] Zit. nach Kershaw, Hitler 1889-1936, S. 427.
[69] Ebda.
[70] Strenge schlägt deshalb vor, besser von Machtübernahme zu sprechen, die am 30. Januar 1933 begann und mit dem Ermächtigungsgesetz am 24.03.1933 juristisch abgeschlossen war (vgl. Strenge, Machtübernahme 1933, S. 13).
[71] Vgl. Frotscher/Pieroth, Verfassungsgeschichte, S. 318.

nen, abhängig. Folgerichtig war Hitlers erste Maßnahme, dem Reichspräsidenten die Auflösung des Reichstages mit dem Versprechen abzuringen, dass diese Wahl die letzte Neuwahl sein und zudem an der Zusammensetzung der jetzigen Reichsregierung nichts ändern werde[72].

Neuwahlen, so Hitlers Kalkül, würden der NSDAP die Mehrheit bringen, die lästigen Koalitionsfesseln lösen und schließlich den Weg für ein Ermächtigungsgesetz ebnen, das Hitler vom Notverordnungsrecht des Reichspräsidenten unabhängig machen und das Einspruchsrecht des Reichstages gem. Art. 48 Abs. 3 WRV leerlaufen lassen würde[73]. Neu war dieser Plan nicht. Wenige Tage vor Hitlers erster Unterredung mit Reichspräsident von Hindenburg am 13. August 1932 notierte Joseph Goebbels in Erwartung der Ernennung Hitlers zum Reichskanzler in seinem Tagebuch: „Wenn der Reichstag das Ermächtigungsgesetz ablehnt, wird er nach Hause geschickt. Hindenburg will mit einem nationalen Kabinett sterben. Wir werden die Macht niemals wieder aufgeben, man muß uns als Leichen heraustragen"[74]. Hindenburg selbst wurde von Hitler im Rahmen ihrer zweiten Besprechung über den Versuch einer Regierungsbildung unter Führung Hitlers bereits am 19. November 1932 über dessen Absichten bezüglich eines Ermächtigungsgesetzes ausführlich in Kenntnis gesetzt[75].

Wahlkampf bedeutete damals „Auseinandersetzung bis hin zum Bürgerkrieg"[76] und die Nationalsozialisten nutzten den Regierungsapparat geschickt, um die Wahlen am 5. März für sich zu entscheiden: Bereits drei Tage nach der Auflösung des Reichstages am 1. Februar 1933, begann die Unterdrückung oppositioneller Parteien, insbesondere von KPD und SPD. Durch die Verordnung zum Schutze des Deutschen Volkes vom 4. Februar 1933[77] (sog. Schubladenverordnung[78]), die auf der Grundlage von Art. 48 Abs. 2 WRV ergangen war, konnten öffentliche Versammlungen gem. § 1 Abs 2 verboten werden, wenn eine unmittelbare Gefahr für die öffentliche Sicherheit zu befürchten war, oder gem. § 2 Nr. 2 aufgelöst werden, wenn in der Versammlung Organe, Einrichtungen, Behörden oder leitende Beamte des Staates beschimpft oder böswillig verächtlich

---

[72] Vgl. Ministerbesprechung vom 31. Januar 1933, abgedruckt in: Morsey, Das Ermächtigungsgesetz, S. 10f. (Nr.2)
[73] Vgl. Kershaw, Hitler 1989-1936, S. 557.
[74] Goebbels, Vom Kaiserhof zur Reichskanzlei, S. 139
[75] Vgl. Huber, Dokumente IV, Nr. 489.
[76] Benz, Geschichte des Dritten Reichs, S. 21f.
[77] RGBl I, S. 35.
[78] Zum Begriff „Schubladenverordnung: Vgl. Strenge, Machtübernahme 1933, S. 149f.

gemacht wurden. Druckschriften, deren Inhalt geeignet war, die öffentliche Sicherheit zu gefährden, konnten gem. § 7 Abs. 1 polizeilich beschlagnahmt und eingezogen werden; periodische Druckschriften konnten gem. § 9 Abs. 1 Nr. 7 verboten werden, wenn sie offensichtlich unrichtige Nachrichten enthielten, deren Verbreitung geeignet war, lebenswichtige Interessen des Staates zu gefährden. Die „Schubladenverordnung" wurde im Wahlkampf willkürlich und exzessiv als Terrorinstrument zur Unterdrückung des politischen Gegners angewandt[79].

In Preußen baute Göring in seiner Eigenschaft als kommissarischer preußischer Innenminister im Februar 1933 eine Hilfspolizei auf und machte 40 000 SA- und SS-Männer, die laut dem sog. Schießerlass vom 17. Februar „die wichtigsten staatsaufbauenden Kräfte"[80] des Reiches für ihn darstellten, zu Staatsorganen mit polizeilichen Befugnissen. Ausdrücklich wurde die preußische Polizei zur Zusammenarbeit und zu wohlwollender Duldung der Maßnahmen von SA und SS angewiesen. Gegen [kommunistische Terrorakte] staatsfeindlicher Organisationen"[81] hingegen sollte rücksichtslos vorgegangen werden. Zahllose nationalsozialistische Terrorakte, denen vor allem Kommunisten und Sozialdemokraten zum Opfer fielen, waren die Folge und prägten das Gesicht des Wahlkampfes[82]. Von freien Wahlen konnte angesichts der Verfolgung der politischen Linken und Einschüchterung der anderen Parteien deshalb keine Rede mehr sein[83].

Als am 27. Februar das Reichstagsgebäude in Flammen aufging, nutzte Hitler dies als weitere Chance, den politischen Gegner zu schwächen. Hitler, Göring und Goebbels bezichtigten die Kommunisten als Urheber der Brandstiftung und nutzten die günstige Gelegenheit zur weiteren Ausschaltung des politischen Gegners. Noch in der Nacht zum 28. Februar ordnete Göring das Verbot der kommunistischen und, beschränkt auf zwei Wochen, das Verbot der sozialdemokratischen Presse an[84]. Die Rechtsgrundlage bildete § 7 Abs. 1 der „Schubladenverordnung". Frick arbeitete im Innenministerium eine weitere Notverordnung aus, die am anderen Tag vom Kabinett verabschiedet und noch am selben Tag von Hindenburg unterschrieben wurde: Durch die Verordnung zum

---

[79] Vgl. Frotscher/Pieroth, Verfassungsgeschichte, S. 304f.
[80] Erlaß des Preußischen Innenministers Hermann Göring vom 17. Februar 1933 (Schießerlaß), abgedruckt in: Michalka, Das Dritte Reich, Bd. 1, S. 24.
[81] Ebda.
[82] Vgl. Winkler, Der lange Weg nach Westen II, S.8f.
[83] Vgl. Falter, Hitlers Wähler, S. 38.
[84] Vgl. Frotscher/Pieroth, Verfassungsgeschichte, S. 306.

Schutz von Volk und Staat vom 28. Februar 1933[85] wurden verfassungswidrig auf der Grundlage von Art 48 Abs. 2 WRV bis auf weiteres wichtige Grundrechte der Weimarer Reichsverfassung wie die Freiheit der Person, Meinungs-, Presse-, Vereins- und Versammlungsfreiheit, das Post- und Fernmeldegeheimnis, die Unverletzlichkeit der Wohnung und das Recht auf Eigentum außer Kraft gesetzt. Damit wurde ein verfassungswidriger Ausnahmezustand geschaffen, der bis zum Ende des Dritten Reiches andauern sollte und nicht im Einklang mit der Verfassung stand[86]. Die „Reichstagsbrandverordnung" wurde bis 1945 nicht mehr außer Kraft gesetzt und bildete „die eigentliche Grundlage für den Aufbau der Terrorherrschaft"[87].

Die Endphase des Wahlkampfes war geprägt von einer reichsweiten Unterdrückung der Presse- und Versammlungsfreiheit linker Parteien sowie durch Terror von NSDAP und SA[88]. Dennoch erreichte Hitler sein Ziel nicht: Obwohl die Wahlbeteiligung bei 88,8 Prozent lag (bei der Reichstagswahl am 6. November 1932 betrug sie 80,6 Prozent) und die NSDAP 288 Sitze im Reichstag erobern konnte (1932: 196), wurde die erstrebte Mehrheit nicht erreicht. Die NSDAP erhielt lediglich 43,9% der Stimmen, ihr deutschnationaler Koalitionspartner[89] konnte seine 52 Reichstagssitze bei leichten Stimmenverlusten verteidigen. Schlimmer noch: Die Sozialdemokraten verloren nur leicht Stimmanteile und einen Sitz im Reichstag, die Kommunisten kamen trotz massiver Behinderung immerhin noch auf 12,3% (1932: 16,9%) und das Zentrum konnte sich mit 11,2% relativ stabil halten (1932: 11,9%)[90].

Dennoch war der Jubel der Nationalsozialisten über das Wahlergebnis keineswegs unangebracht: „Der Ausgang der Wahl erfüllte gleichwohl die entscheidende ihr zugedachte Funktion: Sie erbrachte der neuen Regierung eine plebiszitäre Legitimation, die als moralischer Rückhalt um so wichtiger war, als mit Hilfe dieses Mandats die parlamentarische Demokratie endgültig zugunsten einer autoritären Führung verabschiedet

---

[85] Vgl. Huber, Dokumente IV, Nr. 530.
[86] Vgl. Schoenborn, in: Anschütz/Thoma, HdStR II, §81, S. 301.
[87] Bickenbach, Vor 75 Jahren, S. 201; Winkler spricht von der Liquidation des Rechtsstaates in Deutschland (vgl. Winkler, Der lange Weg nach Westen II, S. 9), Fest qualifiziert die Reichstagsbrandverordnung mehr noch als das Ermächtigungsgesetz als die entscheidende Rechtsgrundlage des Dritten Reiches, als das „zweifellos wichtigste Gesetz des Dritten Reiches überhaupt" (Fest, Hitler, S. 548).
[88] Vgl. Frotscher/Pieroth, Verfassungsgeschichte, S. 306.
[89] Die DNVP schloss am 11. Februar ein Wahlbündnis mit den Interessenbündnissen Stahlhelm und Landbund sowie parteimäßig nicht gebundenen Politikern, darunter Franz von Papen, und firmierte bei den Wahlen unter dem Namen Kampffront Schwarz-Weiß-Rot (vgl. Winkler, Der lange Weg nach Westen II, S. 9).
[90] Vgl. Falter, Hitlers Wähler, S.25.

werden sollte"[91]. Die Reichstagswahlen bildeten den Ausgangspunkt für die in wenigen Tagen durchgeführte Gleichschaltung der Länder. Zwischen dem 5. und 9. März 1933 forderten nationalsozialistische Schlägertrupps die Absetzung oder Festnahme von Amtspersonen, die jüdisch oder nicht der NS-Bewegung angehörig und damit politisch unzuverlässig waren. Das Ergebnis dieser offensichtlich genau von der NS-Führung geplanten und gelenkten Terroraktionen war die Entsendung von Reichskommissaren in die noch nicht national-sozialistisch regierten Länder und die damit verbundene Entmachtung der legitimen Landesregierungen[92]. Rechtsgrundlage für diese scheinlegale Aktion war § 2 der „Reichstagsbrandverordnung", der die Reichsregierung ermächtigte, die Befugnisse der obersten Landesbehörde vorübergehend wahrzunehmen, wenn in einem Land die zur Herstellung der öffentlichen Sicherheit und Ordnung nötigen Maßnahmen nicht getroffen werden. Auch Hitler gab trotz des für ihn enttäuschenden Wahlergebnisses seine Zurückhaltung auf[93]. Gegenüber seinen Koalitionspartnern trat an die Stelle von Rücksichtnahme und Zurückhaltung nun ein aggressiver und herrischer Ton. Vermied es Hitler bisher, von „Machtergreifung" zu sprechen, war nun sogar von der „nationalen Revolution" die Rede[94]. Das seit August 1932 geforderte Ermächtigungsgesetz sollte ihm den Weg zu den ersehnten diktatorischen Vollmachten ebnen. Zwei Tage nach der Wahl zeigte er sich in der Ministerbesprechung vom 7. März überzeugt, die nötige Mehrheit im Reichstag zu erhalten[95].

---

[91] Broszat, Der Staat Hitlers, S. 105.
[92] Vgl. ebda., S. 130f.
[93] Noch in der Wahlnacht soll Hitler missmutig geäußert haben, dass er nun zumindest zu Lebzeiten Hindenburgs weiter von seinen Koalitionspartnern abhängig sein werde (vgl. Kershaw, Hitler 1889-1936, S. 584).
[94] Vgl. Broszat, Der Staat Hitlers, S. 108.
[95] Vgl. Ministerbesprechung vom 30. März 1933, abgedruckt in Morsey, Das Ermächtigungsgesetz, S. 13 (Nr. 5).

2.3 Das Ermächtigungsgesetz vom 24. März 1933

Bereits in der ersten Ministerbesprechung am 30. Januar 1933 wurde über das von Hitler geplante Ermächtigungsgesetz gesprochen. Reichsinnenminister Frick führte als Begründung für dieses Vorhaben die in Folge der Weltwirtschaftskrise entstandene Arbeitslosigkeit und die Notwendigkeit, sie effektiv zu bekämpfen, an. Sowohl Wirtschaftsminister Hugenberg (DNVP) als auch Vizekanzler v. Papen stimmten ihm ausdrücklich zu. Auch Hindenburgs Staatssekretär, Dr. Meißner, zeigte sich von der Notwendigkeit eines Ermächtigungsgesetzes zur Bekämpfung der Arbeitslosigkeit überzeugt. Allerdings ging er davon aus, dass zum Zustandekommen des Gesetzes eine einfache Mehrheit im Reichstag ausreichen würde und eine für verfassungsändernde Gesetze nötige Zweidrittelmehrheit aufgrund der begrenzten Ermächtigung der Reichsregierung nicht benötigt würden.

Weder Hitler noch Frick informierten den Koalitionspartner oder den Vertreter des Reichspräsidenten über ihre wahren Pläne[96]. Auch die Öffentlichkeit wurde über das Vorhaben, ein neues Gesetzgebungsverfahren ohne Beteiligung des Reichstages und des Reichspräsidenten zu etablieren, getäuscht, denn Hitler sprach in der Öffentlichkeit nicht von einem Ermächtigungsgesetz, sondern von Vierjahresplänen zur Bekämpfung der Weltwirtschaftskrise. Von Diktatur und dauerhafter Ausschaltung der verfassungsmäßigen Rechte von Reichstag und Reichspräsident war keine Rede[97].

Zu Hilfe kam ihm dabei der Umstand, dass ein solches Gesetz in der Weimarer Republik kein Novum darstellte. Bereits die Nationalversammlung erließ drei Ermächtigungsgesetze, welche die Reichsregierung abweichend von § 4 des Gesetzes über die vorläufige Reichsgewalt vom 10. Februar 1919[98] ermächtigte, Verordnungen mit Gesetzeskraft zur Regelung der Folgen des Verlusts von Elsaß-Lothringen, zur Durchführung der Waffenstillstandsbedingungen und zum Übergang von der Kriegs- zur Friedenswirtschaft zu erlassen[99]. Nach Zusammentritt des 1. Reichstages kamen zwischen 1920 und 1923 insgesamt fünf Ermächtigungsgesetze zustande, die eine Reaktion darstellten auf

---

[96]Vgl. Ministerbesprechung vom 30. März 1933, abgedruckt in Morsey, Das Ermächtigungsgesetz, S. 9f. (Nr.1).
[97] Vgl. Strenge, Machtübernahme 1933, S. 172.
[98] Vgl. RGBl I, S. 169.
[99] Vgl. Gusy, Die Weimarer Reichsverfassung, S. 62.

innere und äußere Bedrohungslagen des Deutschen Reiches, die eine vereinfachte Gesetzgebung durch Delegation an die Exekutive notwendig erscheinen ließen[100].
Gemeinsame Kennzeichen dieser Ermächtigungsgesetze in der schwierigen Frühphase der Republik waren ihre Zweckbindung und ihr enger zeitlicher Rahmen zur Behebung kurzfristiger Notsituationen. Auch ermächtigten sie die Reichsregierung lediglich zum Erlass von Rechtsverordnungen und nicht zum Erlass von förmlichen Gesetzen. Zudem enthielten sie, wenn auch in unterschiedlicher Intensität, parlamentarische Kontrollmöglichkeiten[101]. Die ihnen immanente Problematik der Verfassungsdurchbrechung blieb allerdings keineswegs unerkannt. Denn auch wenn das auf der Grundlage von Ermächtigungsgesetzen erlassene Recht die Bezeichnung „Verordnung" trug, hatte es Gesetzesrang. Solche gesetzesvertretetenden Verordnungen wiederum konnten Gesetze ändern und von Gesetzen abweichen[102]. Die Weimarer Staatsrechtslehre warnte deshalb ausdrücklich vor einem Verzicht des Reichstages auf seine legislativen Kompetenzen zugunsten der Reichsregierung: „Aus der Ideenwelt heraus, welche die Entwicklung des modernen ‚Rechts- und Verfassungsstaates' bestimmt hat, lassen sich gegen eine solche ‚vereinfachte Form der Gesetzgebung' unzweifelhaft recht ernste Bedenken erheben. Über die juristische Zulässigkeit der tatsächlich ergangenen Gesetze zu streiten, ist heute allerdings insofern müßig, als die Praxis ihre Gültigkeit bzw. die der auf ihrer Grundlage erlassenen Rechtsverordnungen regelmäßig bejaht hat. Jedenfalls aber wird für den gültigen Erlass eines derartigen Ermächtigungsgesetzes, das ja stets eine Abweichung von den Art. 68ff. WRV in sich schließt, mindestens die Beobachtung der für Verfassungsänderungen in Art. 76 WRV gegebenen Vorschriften zu fordern sein"[103].
In der Ministerbesprechung vom 15. März 1933 präsentierte Frick eine Formulierung des geplanten Ermächtigungsgesetzes, die fast wörtlich dem Zweiten Reichsermächtigungsgesetz vom 8. Dezember 1923 entnommen war[104], allerdings mit dem nicht eben geringen Unterschied, dass es Regelungen, die von der Verfassung abweichen, ausdrücklich gestattete: „Die Reichsregierung wird ermächtigt, die Maßnahmen zu treffen, die sie im Hinblick auf die Not von Volk und Staat für erforderlich hält. Dabei kann von

---

[100] Vgl. Biesemann, Das Ermächtigungsgesetz, S. 18ff. m. w. N.
[101] Vgl. Gusy, Die Weimarer Reichsverfassung, S. 159ff. m. w. N.
[102] Vgl. ebda., S. 157f. m. w. N.
[103] Schoenborn, in: Anschütz/Thoma, HdStR II, §81, S. 312.
[104] RGBl. 1923 I, S.1179: „§ 1. Die Reichsregierung wird ermächtigt, die Maßnahmen zu treffen, die sie im Hinblick auf die Not von Volk und Reich für erforderlich hält und dringend erachtet. Eine Abweichung von den Vorschriften der Reichsverfassung ist nicht zulässig."

den Bestimmungen der Reichsverfassung abgewichen werden"[105]. Frick täuschte somit Kontinuität vor, wo keine war. Doch dabei blieb es nicht. Am 20. März wurde ein völlig anderer Gesetzesentwurf sowohl der Zentrumsfraktion als auch dem Kabinett vorgelegt, der weit über den am 15. März vorgestellten Entwurf hinausging[106]. Nun war von einer Zweckbindung keine Rede mehr: Denn die Kernaussage des Gesetzesentwurfs war nun, dass die Reichsregierung völlig selbständig förmliche Gesetze, und zwar auch verfassungsdurchbrechende Gesetze, beschließen kann, und der Reichskanzler bei der Ausfertigung der Gesetze an die Stelle des Reichspräsidenten tritt.

Dies bedeutete aber nichts anderes als eine Aufgabe der bisherigen verfassungsmäßigen Ordnung. Denn Art. 1 des Gesetzesentwurfs machte die Reichsregierung zu einem gleichberechtigten Gesetzgebungsorgan neben Reichstag und Volk. Damit war die bisherige Unterscheidung von formellen Parlamentsgesetz und dem materiellen Gesetz der Exekutive aufgehoben[107]. Dies aber bedeute nicht weniger, als die Aufgabe zentraler

---

[105] Ministerbesprechung vom 15. März 1933, abgedruckt in: Morsey, Das Ermächtigungsgesetz, S.14 (Nr. 8).
[106] Der von Frick in der Ministerbesprechung vom 20. März dem Kabinett vorgetragene Gesetzesentwurf hatte folgenden Wortlaut:
„*Entwurf eines Gesetzes zur Behebung der Not von Volk und Reich*
Der Reichstag hat das folgende Gesetz beschlossen, das mit Zustimmung des Reichsrats hiermit verkündet wird, nachdem festgestellt ist, daß die Erfordernisse verfassungsändernder Gesetzgebung erfüllt sind:
Artikel 1
Reichsgesetze können außer in dem in der Reichsverfassung vorgesehenen Verfahren auch durch die Reichsregierung beschlossen werden. Dies gilt auch für die in den Artikeln 85 Abs. 2 und 87 der Reichsverfassung bezeichneten Gesetze.
Art. 2
Die von der Reichsregierung beschlossenen Reichsgesetze können von der Reichsverfassung abweichen, soweit sie nicht die Einrichtung des Reichstags und des Reichsrats als solche zum Gegenstand haben. Die Rechte des Reichspräsidenten bleiben unberührt.
Art. 3
Die von der Reichsregierung beschlossenen Reichsgesetze werden vom Reichskanzler ausgefertigt und im Reichsgesetzblatt verkündet. Sie treten, soweit sie nichts anderes bestimmen, mit dem auf die Verkündung folgenden Tage in Kraft. Die Artikel 68 bis 77 der Reichsverfassung finden auf die von der Reichsregierung beschlossenen Gesetze keine Anwendung.
Art. 4
Verträge des Reichs mit fremden Staaten, die sich auf Gegenstände der Reichsgesetzgebung beziehen, bedürfen für die Dauer der Geltung dieses Gesetzes nicht der Zustimmung der an der Gesetzgebung beteiligten Körperschaften. Die Reichsregierung erlässt die zur Durchführung dieser Verträge erforderlichen Vorschriften.
Art. 5
Dieses Gesetz tritt mit dem Tage seiner Verkündung in Kraft. Es tritt mit dem 1. April 1937 außer Kraft; es tritt ferner außer Kraft, wenn die gegenwärtige Reichsregierung durch eine andere abgelöst wird" (abgedruckt in: Morsey, Das Ermächtigungsgesetz, S. 22 [Nr. 18]).
[107] Die Unterscheidung zwischen dem Gesetz im formellen Sinne und dem Gesetz im materiellen Sinne geht auf das konstitutionelle Staatsrecht des 19. Jahrhunderts zurück. Während im Absolutismus die Rechtsetzung ausschließlich dem Monarchen oblag, bestimmten die Verfassungen des 19. Jahrhunderts, dass die Gesetze vom Monarchen mit Zustimmung der Volksvertretung zu erlassen sind. Der Gesetzes-

Verfassungsprinzipien, da nach Inkrafttreten des Gesetzes die Verfassungsbindung der Exekutive genauso obsolet werden würde, wie die ebenfalls in der Weimarer Reichsverfassung verankerte Gewaltenteilung und das Demokratieprinzip[108]. Die einzige Schranke für die Rechtsetzung der Reichsregierung bildete Art. 2, der lediglich eine Bestandsgarantie für Reichstag und das Reichspräsidentenamt enthielt.

Dennoch bedeutete der Gesetzesentwurf, der in unveränderter Fassung am 21. März 1933 von der NSDAP- und DNVP-Fraktion in den Reichstag eingebracht und zwei Tage darauf vom Reichstag beschlossen wurde, nichts anderes als eine komplette Entmachtung von Reichstag und Reichspräsident. Denn gem. Art. 3 S. 1 des Gesetzesentwurfs sollte die Ausfertigung der Regierungsgesetze durch den Reichskanzler erfolgen. Der Reichspräsident, dem gem. Art. 70 WRV die Ausfertigung von Reichsgesetzen und gem. Art. 76 Abs. 2 WRV die Ausfertigung von verfassungsändernden Gesetzen oblag, war damit aber als Kontrollinstanz ausgeschaltet. Im Gegensatz zu den früheren Ermächtigungsgesetzen sah dieser Gesetzesentwurf zudem keine Möglichkeit der Kontrolle durch den Reichstag vor[109]. Denn Art. 3 S. 3 stellte klar, dass das Gesetzgebungsverfahren der Art. 68 ff. WRV auf Regierungsgesetze keine Anwendung findet. Damit konnten Regierungsgesetze weder gem. Art. 72 WRV vom Reichstag ausgesetzt noch gem. Art. 73 Abs 2 WRV einem Volksentscheid unterbreitet werden. Auch entfiel die in Art. 74 WRV normierte Einspruchsmöglichkeit des Reichsrates und damit eine weitere Kontrollinstanz der Weimarer Reichsverfassung. Die bereits von Frick in der Ministerbesprechung vom 15. März 1933 vorgeschlagene zeitliche Begrenzung der Ermächtigung[110], fand in Art. 5 ihren Niederschlag. Art. 5 S. 2 sah eine zeitliche Befristung von vier Jahren vor und damit eine Rückkehr zur bisherigen Rechtslage. Ferner sah Art. 5 S.

---

begriff wurde damit zu einem Kernpunkt des konstitutionellen Staatsrechts des 19. Jahrhunderts. Denn es stellte sich die Frage, welche Regelungen als Gesetz der Zustimmung der Volksvertretung bedurften und welche Regelungen nicht unter den Gesetzesbegriff fallen und deshalb weiterhin, - als Verordnung - allein vom Monarchen erlassen werden durften. Der Gesetzesbegriff begründete somit die Zuständigkeit der Volksvertretung und war damit Kompetenzbegriff. Dies führte zu einem, noch heute vertretenen, dualistischen Gesetzesbegriff, der zwischen dem Gesetz im formellen Sinne und dem Gesetz im materiellen Sinne unterschied. Das Gesetz im formellen Sinne bezog sich auf die Form. Jeder Hoheitsakt, der vom verfassungsrechtlichen Gesetzgeber im Gesetzgebungsverfahren als Gesetz erlassen wurde, war – ohne Rücksicht auf seinen Inhalt – Gesetz im formellen Sinne. Der Begriff des Gesetzes im materiellen Sinne hingegen stellte auf den Inhalt ab. Da aber der Inhalt, insbesondere der allgemeinverbindlichen Rechtsnorm, auch in anderer Form, nämlich als Rechtsverordnung oder als Satzung ergehen konnte, deckten sich beide Begriffe nicht, sondern bildeten gleichsam zwei sich überschneidende Kreise (vgl. Maurer, Staatsrecht I, S. 515ff. m. w. N.).
[108] Vgl. Bickenbach, Vor 75 Jahren, S. 200.
[109] Vgl. Gusy, Die Weimarer Reichsverfassung, S. 160f.
[110] Vgl. ebda.

2 ein Außerkrafttreten des Gesetzes vor, wenn die gegenwärtige Reichsregierung durch eine andere abgelöst werde. Art. 5 sollte durch seine Limitierung somit den Anschein der Legalität vermitteln und stellt – angesichts der bereits dargestellten, weitgehenden Pläne Hitlers – somit nichts anderes als eine Täuschungshandlung dar, um den Reichstag zu umfassenden diktatorischen Maßnahmen zu bewegen[111]. Der von Frick vorgelegte Gesetzesentwurf stellte somit keine Fortsetzung der Weimarer Praxis dar, die zum Erlass von Rechtsverordnungen und nicht zum Erlass von förmlichen Gesetzen und verfassungsdurchbrechenden Gesetzen ermächtigten.

Interessanterweise lässt sich aus dem Protokoll der Ministerbesprechung keinerlei Widerstand oder kritisches Wort des Koalitionspartners DNVP über diese weitreichende Ermächtigung entnehmen, die einer Kaltstellung von Reichstag und Reichspräsident gleichkam. Die Gefahr, selbst als Opfer dieses Verfassungswandels zu enden, schien nicht einmal im Ansatz erkannt worden zu sein. Zwar war keiner der im Kabinett vertretenen Minister ein Anhänger oder gar Streiter für die Weimarer Demokratie, doch ist die Blauäugigkeit mit der man Hitlers Worten Glauben schenkte, dass sich alsbald der Reichstag als Nationalversammlung konstituieren und, wie von allen Ministern erhofft, eine neue, von „übertriebenen Parlamentarismus"[112] befreite Verfassung erarbeiten und verabschieden werde, verwunderlich. Selbst als Göring, Hugenbergs Vorschlag, einen Passus in den Gesetzentwurf aufzunehmen, wonach der Reichstag zur Nationalversammlung erklärt werden solle, kurzerhand als nicht zweckmäßig verwarf, kam kein Misstrauen in der Runde auf[113]. Hitler, der, wie Papen es noch vor wenigen Wochen ausgedrückt hatte, eingerahmt und gezähmt werden sollte[114], schien sich durchgesetzt zu haben. Das Reichskabinett stimmte am Ende der Ministerbesprechung dem Entwurf des Ermächtigungsgesetzes in der von Frick vorgelegten Fassung einstimmig zu[115].

Die Zentrumsfraktion hingegen schien die wahre Dimension des Ermächtigungsgesetzes schnell erfasst zu haben. Denn die Mitglieder der Zentrumsfraktion qualifizierten es

---

[111] Vgl. Strenge, Machtübernahme 1933, S. 176.
[112] Ministerbesprechung vom 20. März 1933, abgedruckt in: Morsey: Das Ermächtigungsgesetz, S. 18 (Nr. 9).
[113] Vgl. ebda., S. 19.
[114] Vgl. Strenge, Machtübernahme 1933, S. 197.
[115] Vgl. Ministerbesprechung vom 20. März 1933, abgedruckt in: Morsey: Das Ermächtigungsgesetz, S. 19 (Nr. 9).

als eine „Generalvollmacht der Regierung"[116]. Auf die Stimmen des Zentrums aber kam es entscheidend an: Da das Gesetzesvorhaben auch Abweichungen von den Bestimmungen der Verfassung vorsah, bedurfte es einer Zweidrittelmehrheit im Reichstag zur Annahme des Gesetzes. Denn Art. 76 WRV, der ausdrücklich Änderungen der Verfassung im Wege der Gesetzgebung gestattete, sah als einzige Hürde für die Verfassungsänderung eine doppelte qualifizierte Mehrheit vor. Nur wenn „zwei Drittel der gesetzlichen Mitgliederzahl anwesend sind und wenigstens zwei Drittel der Anwesenden zustimmen" waren Verfassungsänderungen gem. Art. 76 S. 2 WRV durch Beschluss des Reichstages erfolgreich zu Stande gekommen. Zwei Drittel der gesetzlichen Mitglieder mussten somit zur Abstimmung erscheinen, um die Beschlussfähigkeit herzustellen und im beschlussfähigen Reichstag mussten wiederum zwei Drittel der Anwesenden für das Gesetz stimmen, um das Gesetzesvorhaben nicht zum Scheitern zu bringen. Dieses Problem wurde in der Ministerbesprechung am 7. März 1933 klar erkannt und erörtert. Hitler verwies auf den Umstand, dass die Abgeordneten der KPD sich entweder in Haft oder auf der Flucht befänden und somit nicht zur Reichstagssitzung erscheinen würden. Tatsächlich ergab sich, wie Frick dem Kabinett vorrechnete, durch Abziehen der 81 kommunistischen Abgeordnetenmandate eine Verschiebung der Mehrheitsverhältnisse, die allerdings nur eine Mehrheit von 5 Stimmen brachte und somit noch keine Zweidrittelmehrheit bescherte. Allerdings war damit die Gefahr des Scheiterns aufgrund von ablehnenden Stimmen geringer geworden. Denn die Gefahr, dass die gesetzliche Mindestzahl der anwesenden Abgeordneten durch Nichterscheinen oder Verlassen der Sitzung nicht erreicht werden könnte, wurde klar erkannt. Lösung des Problems lag für Göring in einer Änderung der Geschäftsordnung des Reichstages.

Diese Idee wurde von Frick in der Ministerbesprechung vom 20. März 1933 aufgegriffen und präzisiert. Frick plädierte für eine Änderung der Geschäftsordnung des Reichstages dahingehend, dass alle unentschuldigt fehlenden Abgeordneten als anwesend gezählt werden. Der Fricksche Vorschlag sah somit eine Beschlussfähigkeit auch dann vor, wenn die Reichstagssitzung boykottiert würde und die gesetzliche Mindest-

---

[116] Sitzung des Vorstands der Zentrumsfraktion am 20. März 1933, abgedruckt in Morsey, Das Ermächtigungsgesetz, S. 20 (Nr. 11).

zahl an anwesenden Abgeordneten entweder von Anfang an oder nach Eröffnung der Sitzung durch Verlassen damit nicht erreicht worden wäre[117].

Da die Regierungskoalition aus NSDAP und DNVP jedoch im Reichstag nur über insgesamt 340 der Abgeordnetenstimmen verfügte, musste darüber hinaus auch für eine sichere Zweidrittelmehrheit bei der Abstimmung gesorgt werden. Denn selbst durch Abziehen der kommunistischen Abgeordnetensitze von der Gesamtzahl der Reichstagsmandate (647 mit den kommunistischen Mandaten, 566 nach Abzug der Mandate der KPD) bedurfte es 378 Stimmen für die Annahme des Ermächtigungsgesetzes, ohne Änderung der Geschäftsordnung wären 432 Stimmen für das Zustandekommen des Gesetzes von Nöten gewesen[118]. Görings Vorschlag, während der laufenden Parlamentssitzung so viele Abgeordnete der SPD des Saales zu verweisen oder verhaften zu lassen bis die nötige Abstimmungsmehrheit vorliegt, wurde nicht weiter beachtet[119]. Denn Hitler und Frick sahen die Lösung des Problems von Anfang an in der Zustimmung der Zentrumsfraktion, die nach Hitlers Überzeugung zudem dem Ermächtigungsgesetz im Ausland ein höheres Ansehen verleihen würde[120].

Mit einer subtilen Mischung aus Täuschung und Drohung sollte das Werk gelingen. Während Hitler in Verhandlungen mit Vertretern des Zentrums zunächst das Schreckgespenst einer kommunistischen Verschwörung beschwor, das ein Ermächtigungsgesetz unumgänglich mache, und dem Zentrum zusicherte, die Rechte der katholischen Kirche nicht anzutasten[121], setzten Frick und Göring in den Besprechungen mit dem Zentrum am 20. und 22. März von Anfang an auf Einschüchterung. Unverhohlen stand die Dro-

---

[117] Vgl. Ministerbesprechung vom 20. März 1933, abgedruckt in Morsey, Das Ermächtigungsgesetz, S. 18 (Nr. 9). Der am Tag darauf von der NSDAP- und DNVP-Fraktion im Reichstag eingebrachte Antrag hatte folgenden Wortlaut:
„Antrag Dr. Frick, Dr. Oberfohren und Genossen. Der Reichstag wolle beschließen: *Die Geschäftsordnung für den Reichstag* wie folgt zu ändern:
1. Hinter § 2 wird folgender § 2a eingefügt:
Wer ohne Urlaub oder infolge einer Erkrankung, die dem Abgeordneten die Teilnahme nicht tatsächlich unmöglich macht, an Vollsitzungen, Ausschusssitzungen oder Abstimmungen nicht teilnimmt, kann durch den Präsidenten bis zu sechzig Sitzungstagen von der Teilnahme an den Verhandlungen ausgeschlossen werden. Der Präsident gibt den Ausschluß in der Vollsitzung bekannt und teilt ihn dem Ausgeschlossenen schriftlich mit. […]
4. §98 enthält folgenden Abs. 3:
Als anwesend gelten auch die Mitglieder, die nach § 2a ausgeschlossen werden können." (abgedruckt in Morsey, S.22, Nr. 17).
[118] Vgl. Kolb, Die Weimarer Repbublk, S. 308f.
[119] Vgl. Ministerbesprechung vom 15. März 1933, abgedruckt in Morsey, Das Ermächtigungsgesetz, S. 16 (Nr.8).
[120] Vgl. Kershaw, Hitler 1889-1936, S. 591.
[121] Vgl. Sitzung der Zentrumsfraktion am 23. März 1933, abgedruckt in Morsey, Das Ermächtigungsgesetz, S. 26. (Nr. 22).

hung im Raum, sämtliche Beamte, die dem Zentrum angehörig waren, aus dem Staatsdienst zu entfernen[122]. Am 22. März schließlich drohte Hitler dem Vorsitzenden der Zentrumspartei, Prälat Kaas, mit der Ausrufung des Staatsnotstandes im Falle des Nichtzustandekommens des Ermächtigungsgesetzes[123].

Eine Drohung, die unter dem Eindruck eines in ganz Deutschland nach den Reichstagswahlen einsetzenden Terrors von SA und SS, mit dem die Gleichschaltung der noch nicht unter national-sozialistischer Führung stehenden Länder, Städte und Gemeinden vollzogen wurde, eine durchaus realistische Drohkulisse erhielt und ihre Wirkung offensichtlich nicht verfehlte[124]: Prälat Kaas verwies in der Sitzung der Zentrumsfraktion auf das Dilemma, in dem sich die Partei befand: „Es gelte einerseits unsere Seele zu wahren, andererseits ergäben sich aus der Ablehnung des Ermächtigungsgesetzes unangenehme Folgen für die Fraktion und die Partei. Es bliebe nur übrig, uns gegen das Schlimmste zu sichern. Käme die 2/3-Majorität nicht zustande, so werde die Durchsetzung der Pläne der Reichsregierung auf anderem Wege erfolgen"[125]. Unter diesem Eindruck entschied sich das Zentrum zur Kooperation und zur Verhinderung des Schlimmsten[126]. Tatsächlich konnten sich die Zugeständnisse Hitlers sehen lassen: Immerhin versprach Hitler Prälat Kaas neben der Erhaltung der Konfessionsschule und der Beachtung und Wahrung der mit den Ländern Bayern, Baden und Preußen geschlossenen Konkordate, die Einrichtung eines Arbeitsausschusses zur Beratung der geplanten Gesetzesvorhaben der Regierung auf der Basis des Ermächtigungsgesetzes, die Beachtung des Willens des Reichspräsidenten bei der Rechtsetzung, die Wahrung der Unabhängigkeit der Richter, den Erhalt des Berufsbeamtentums und schließlich eine Bestandsgarantie der Länder[127].

---

[122] Vgl. Ministerbesprechung vom 7. März 1933, abgedruckt in Morsey, Das Ermächtigungsgesetz, S. 14 (Nr. 5).
[123] Vgl. Sitzung des Vorstands der Zentrumsfraktion, abgedruckt in Morsey, Das Ermächtigungsgesetz, S. 25 (Nr.21).
[124] Vgl. Winkler, Der lange Weg nach Westen II, S. 10ff.
[125] Sitzung der Zentrumsfraktion vom 23. März 1933, abgedruckt in Morsey, Das Ermächtigungsgesetz, S. 26 (Nr.22).
[126] Vgl. Broszat, Der Staat Hitlers, S. 114f.
[127] Vgl. Winkler, Der lange Weg nach Westen II, S. 12; Auf die Zustellung der vereinbarten schriftlichen Bestätigung der Versprechungen wartete das Zentrum allerdings vergeblich. Als Prälat Kaas während der Reichstagssitzung am 23. März das vereinbarte Bestätigungsschreiben anmahnte, wurde ihm mitgeteilt, dass es bereits unterwegs sei und wohl auf Grund der Sicherheitsvorkehrungen um die Kroll-Oper, in der der Reichstag nach dem Reichstagsbrand tagte, noch nicht zugestellt werden konnte. Tatsächlich wurde dieses Schreiben niemals abgefasst (vgl. Strenge, Machtübernahme 1933, S. 181).

Am 23. März stand der zwei Tage zuvor von der NSDAP- und DNVP-Fraktion eingebrachte Gesetzesentwurf schließlich auf der Tagesordnung des Reichstages. In der Öffentlichkeit vorbereitet wurde es zwei Tage zuvor durch die feierlich begangene Eröffnung des Reichstages, dem sog. „Tag von Potsdam", dessen Regisseur der am 13. März in das neu geschaffene Amt des Reichspropagandaministers berufene Joseph Goebbels war. Die Inszenierung, die unter lebhafter Beteiligung der beiden christlichen Kirchen der Bevölkerung dargeboten wurde, sollte die Übereinstimmung der Ziele der revolutionären nationalsozialistischen Bewegung, dargestellt durch Adolf Hitler, mit den preußischen Tugenden, verkörpert durch den Feldmarschall des Ersten Weltkriegs, Reichspräsident von Hindenburg, eindrücklich demonstrieren"[128]. Die goebbelssche Inszenierung, die durch Rundfunkübertragungen sowie Wochenschau- und Zeitungsberichten im ganzen Reich wahrgenommen wurde, verunsicherte viele der bisher den neuen Machthabern ablehnend Eingestellten mit seiner suggestiven Wirkung: „'Der Tag von Potsdam' war der wesentliche Auslöser dafür, dass viele Offiziere, Beamte, Abgeordnete, Juristen und national gesinnte Vertreter des Bürgertums – Kurz, jene, die noch am 5. März gegen Hitler gestimmt hatten und den braunen Terror abgelehnt hatten, die man aber brauchte, um die Machtergreifung dauerhaft zu gestalten und den Staat regieren zu können, ihr Misstrauen gegen Hitler aufgaben, ja ihm und seiner Verführungskunst erlagen[129].

Das Bild, das die Nationalsozialisten am 23. März in der Kroll-Oper, dem neuen Tagungsort des Reichstages, boten, war jedoch weniger feierlich als bedrohlich: Auf die „Rührkomödie von Potsdam"[130] folgte wieder unverhohlene Einschüchterung: SA und SS-Männer hatten die Kroll-Oper umstellt und vermittelten in drohenden Sprechchören den Abgeordneten beim Betreten des Reichstages eine klare Ahnung von den Folgen eines Scheiterns des Ermächtigungsgesetzes[131]. Nachdem die von Frick am 20. März dem Kabinett vorgestellte Änderung der Geschäftsordnung angenommen worden war[132], betrat Hitler in SA-Uniform das Rednerpult und hielt eine zweistündige programmatische Rede, in der die Bedeutung der christlichen Kirchen für die von ihm

---

[128] Benz, Geschichte des Dritten Reiches, S. 25.
[129] Vgl. Fest, Hitler, S. 557.
[130] Ebda.
[131] Vgl. Broszat, Der Staat Hitlers, S. 114f.
[132] Vgl. Frotscher/Pieroth, Verfassungsgeschichte, S. 309.

angestrebte „durchgreifende moralische Sanierung des Volkskörpers"[133] hervorhob[134]. Das Ermächtigungsgesetz, so Hitler, sei zur „Erhaltung unseres Volkstums"[135] dabei unumgänglich. Wesentliche Forderungen der Zentrumsfraktion berücksichtigend, fuhr er fort: „Um die Regierung in die Lage zu versetzen, die Aufgaben zu erfüllen, die innerhalb dieses allgemein gekennzeichneten Rahmens liegen, hat sie im Reichstag durch die beiden Parteien der Nationalsozialisten das Ermächtigungsgesetz einbringen lassen. […] Es würde dem Sinn der nationalen Erhebung widersprechen und dem beabsichtigten Zweck nicht genügen, wollte die Regierung sich für ihre Maßnahmen von Fall zu Fall die Genehmigung des Reichstags erhandeln und erbitten. Die Regierung wird dabei nicht von der Absicht getrieben, den Reichstag als solchen aufzuheben. Im Gegenteil, sie behält sich auch für die Zukunft vor, ihn von Zeit zu Zeit über ihre Maßnahmen zu unterrichten. […] Die Regierung beabsichtigt dabei, von diesem Gesetz nur insoweit Gebrauch zu machen, als es zur Durchführung der lebensnotwendigen Maßnahmen erforderlich ist. Weder die Existenz des Reichstages noch des Reichsrats soll dadurch bedroht sein. Die Stellung und die Rechte des Herrn Reichspräsidenten bleiben unberührt […] Der Bestand der Länder wird nicht beseitigt"[136].

Drohkulisse und Rede verfehlten ihre Wirkung nicht. Denn die Zentrumsfraktion entschloss sich in der sich Hitlers Rede anschließenden dreistündigen Beratungspause für ein einheitlich positives Votum bei der Abstimmung[137]. Auch die Mitglieder der BVP und der Deutschen Staatspartei entschlossen sich, um Repressalien für sich und ihre Mitglieder zu vermeiden, dem Gesetz zuzustimmen[138]. Eine legale Diktatur, so die Mitglieder der Fraktion der Deutschen Staatspartei, sei gegenüber einer illegalen Diktatur noch immer das kleinere Übel: „Ein Scheitern des Gesetzes hätte mit innerer Notwendigkeit die revolutionären Kräfte, nicht nur der Zentrale, sondern im Land draußen, in Bewegung gebracht. Wir sind uns darüber klar, daß eine parlamentarische Aktion diese Möglichkeiten nicht völlig abgebunden hat, aber immerhin mußte in der heutigen

---

[133] Reichskanzler Hitler (NSDAP), Sitzung des Reichstages vom 23. März 1933, abgedruckt in Morsey, Das Ermächtigungsgesetz, S.36 (Nr. 24).
[134] Vgl. Fest, Hitler, S. 558.
[135] Reichskanzler Hitler (NSDAP), Sitzung des Reichstages vom 23. März 1933, abgedruckt in Morsey, Das Ermächtigungsgesetz, S.36 (Nr. 24).
[136] Ebda. S. 40f.
[137] Vgl. Protokoll der Sitzung der Zentrumsfraktion vom 23. März 1933, abgedruckt in: Morsey, Das Ermächtigungsgesetz, S. 42f. (Nr. 25).
[138] Vgl. Winkler, Der lange Weg nach Westen, S. 12.

Lage, wer sich vor die Verantwortung gestellt sah und diese Kräfte zu werten hatte, die Möglichkeiten der gesetzlichen Entwicklung zu retten, vielleicht zu verstärken"[139].
Einzig die Mitglieder der SPD-Fraktion blieben standhaft. Deren Vorsitzender Otto Wels begründete in einer eindrucksvollen und angesichts der bedrohlichen Stimmung mutigen Rede, die ablehnende Haltung der Sozialdemokraten: „Die Wahlen vom 5. März haben den Regierungsparteien die Mehrheit gebracht und damit die Möglichkeit gegeben, streng nach Wortlaut der Verfassung zu regieren. Wo diese Möglichkeit besteht, besteht auch die Pflicht. Kritik ist heilsam und notwendig. Noch niemals, seit es einen Deutschen Reichstag gibt, ist die Kontrolle der öffentlichen Angelegenheiten durch die gewählten Vertreter des Volkes in solchem Maße ausgeschaltet worden, wie es jetzt geschieht, und wie es durch das neue Ermächtigungsgesetz noch mehr geschehen soll. Eine solche Allmacht der Regierung muß sich um so schwerer auswirken, als auch die Presse jeder Bewegungsfreiheit entbehrt"[140].
Das Abstimmungsergebnis brachte mit 444 Ja- gegen 94-Nein-Stimmen das gewünschte Ergebnis[141]. Einer Änderung der Geschäftsordnung hätte es somit nicht bedurft. Der Reichsrat beschloss ohne Diskussion, von dem Gesetzentwurf Kenntnis zu nehmen[142]. Der nach Art. 76 Abs. 2 WRV mögliche Einspruch durch den Reichsrat wurde nicht erhoben[143], so dass das Gesetz vom Reichspräsidenten verkündet werden und bereits am

---

[139] Erklärung der Reichstagsabgeordneten der Staatspartei vom 24. März 1933, abgedruckt in: Morsey, Das Ermächtigungsgesetz, S. 59 (Nr. 33).
[140] Abg. Wels (SPD), Sitzung des Reichstages vom 23. März 1933, abgedruckt in: Morsey, Das Ermächtigungsgesetz, S. 45. (Nr. 26).
[141] Vgl. ebda. S. 54 (Nr.26).
[142] Vgl. Sitzung des Reichsrats vom 23. März 1933, abgedruckt in Morsey, Das Ermächtigungsgesetz, S. 54 (Nr. 27).
[143] Der Reichsrat hatte eine schwache Stellung im Gefüge der WRV. Bei Verfassungsänderungen stand ihm lediglich ein Einspruchsrecht zu. Zwar bestimmte Art. 76 Abs. 1 S. 3 WRV, dass Beschlüsse des Reichsrates auf Abänderung der Verfassung einer Mehrheit von zwei Dritteln der abgegebenen Stimmen bedürfen. Jedoch waren diese Beschlüsse nirgends in der WRV vorgesehen. Vielmehr standen dem Reichsrat bei Änderungen der WRV lediglich das Einspruchsrecht und das Recht auf Verlangen einer Volksbefragung gem. Art. 76 Abs. 2 WRV zu. Hätte das Einspruchsrecht jedoch nur mit qualifizierter Mehrheit ausgeübt werden können, wäre die Situation eingetreten, dass die Mitwirkungsrechte des Reichsrates bei Verfassungsänderungen geringer ausgeprägt gewesen wären als bei der einfachen Gesetzgebung, wo gem. Art. 74 Abs. 1 WRV eine einfache Mehrheit für die wirksame Einlegung eines Einspruchs des Reichsrates genügte und damit leichter auszuüben war. Deshalb legte die Staatsrechtslehre Art. 76 Abs. 1 S. 3 WRV dahingehend aus, dass Verfassungsänderungen dann zulässig sind, wenn zwei Drittel des Reichsrates sie billigen. Für einen Einspruch war deshalb nur ein Drittel der Stimmen des Reichsrates erforderlich (vgl. Anschütz, Die Verfassung des Deutschen Reiches, Art. 76, Anm. 6).

nächsten Tag in Kraft treten konnte.[144]. Nun waren die Nationalsozialisten auch „verfassungsmäßig, die Herren im Land", wie Joseph Goebbels jubelnd feststellte[145].

2.4 Ermächtigungsgesetz und Weimarer Reichsverfassung

Nach der namentlichen Abstimmung verkündete Reichstagspräsident Göring das Abstimmungsergebnis: „Abgegeben wurden 535 Karten, mit Nein 94, mit Ja 441. Da es sich um ein verfassungsänderndes Gesetz handelt, ist folgende Feststellung zu treffen. Die gesetzliche Mitgliederzahl des Hauses beträgt 566. Davon sind zwei Drittel 378, davon wiederum zwei Drittel 252. Somit ist das Ermächtigungsgesetz mit der verfassungsmäßigen Mehrheit von 441 Stimmen angenommen"[146].

Die für verfassungsändernde Gesetze einschlägige Rechtsnorm der WRV ist Art. 76 WRV, der nicht nur das verfahrensmäßige Zustandekommen, sondern auch die inhaltliche Zulässigkeit einer Verfassungsänderung regelt. Nach Art. 76 Abs. 1 WRV konnte die Weimarer Verfassung im Wege der Gesetzgebung geändert werden, inhaltliche Barrieren sind aus dem Gesetzestext nicht zu entnehmen, auch aus der Systematik der WRV sind keine materiellen Grenzen für eine Verfassungsänderung erkennbar[147]. Der führende Kommentar der Weimarer Reichsverfassung führt hierzu aus: „Die Verfassung steht nicht über der Legislative, sondern zur Disposition derselben mit der Maßgabe, dass die Legislative gegebenenfalls verpflichtet ist, die für Verfassungsänderungen vorgeschriebenen Formen zu wahren. [....] Auf dem durch Art. 76 geregelten Gesetzgebungswege können - stets vorbehaltlich des durch die Verf (Art. 73-76) zugelassenen Volksentscheids - Verfassungsänderungen jeder Art bewirkt werden: nicht nur minder bedeutsame, mehr durch technische als durch politische Erwägungen bedingte, sondern auch bedeutsame, einschließlich solcher, die sich auf die rechtliche Natur des Reichsganzen (Bundesstaat), die Zuständigkeitsverteilung zwischen Reich und Ländern, die Staats- und Regierungsform des Reichs und der Länder (Republik, Demokratie, Wahlrecht, Parlamentarismus, Volksentscheid, Volksbegehren) und andere prinzipielle Fragen (Grundrechte!) beziehen. Die durch Art. 76 den hier bezeichneten qualifizierten

---

[144] RGBl. I, S. 141.
[145] Goebbels, Vom Kaiserhof zur Reichskanzlei, S. 287.
[146] Sitzung des Reichstags vom 24. März 1933, abgedruckt in Morsey, Das Ermächtigungsgesetz, S. 54 (Nr. 27).
[147] Vgl. Bickenbach, Vor 75 Jahren, S. 202.

Mehrheiten des RTages, RRates und des Volkes übertragene verfassungsändernde Gewalt ist gegenständlich unbeschränkt"[148].

Neben der Grundform der Verfassungsänderung durch verfassungsänderndes Gesetz[149], fielen hierunter nach der damals herrschenden Lehre auch verfassungsdurchbrechende Gesetze, die sich gegen ein Verfassungsgebot richteten, es gegebenenfalls sogar außer Kraft setzten, den Text der Verfassung aber nicht ausdrücklich änderten[150]. Verfassungsdurchrechungen galten zwar als „bedenklich, ja geradezu verwerflich", aber gleichwohl „de lege lata nicht unzulässig"[151]. Begründet wurde die Zulässigkeit von Verfassungsdurchbrechungen überwiegend historisch: Da sie in der Monarchie zulässig gewesen wären und die WRV zudem keine Norm enthalte, die Verfassungsdurchbrechungen ausdrücklich untersage, sei darin eine implizite Billigung der bisherigen Praxis zu ersehen, was sich nicht zuletzt aus der Ähnlichkeit des Wortlauts von Art 76 Abs. 1 WRV und Art 78 Abs. 1 S.1 RV („Veränderungen der Verfassung erfolgen im Wege der Gesetzgebung") ergäbe[152]. Das Parlament war somit befugt, die Verfassung in jeder beliebigen Weise, insofern die verfahrensrechtlichen Bestimmungen eingehalten wurden, zu ändern. Darin eingeschlossen war die Befugnis, auch Grundsätze der Weimarer Republik, wie das Demokratieprinzip oder den Parlamentarismus abzuschaffen. Materielle Grenzen der Verfassungsänderung bzw. Verfassungsbrechung bestanden nach Ansicht der herrschenden Lehre in der Weimarer Republik nicht[153].

Die dieser Auslegung der Verfassung zugrundeliegende juristische Methode war der Rechtspositivismus, der Gesetze lediglich anhand des Wortlauts und der Systematik, die auf einer strengen Trennung von Sein und Sollen beruhte, interpretierte: „Dieser beschränkte sich auf eine rein dogmatisch-wertfreie Betrachtung des gesetzten Rechts und ließ keine historischen, politischen, soziologischen, theologischen oder naturrechtlichen Interpretationsansätze zu. Folglich konnte es keine Diskrepanz zwischen Recht und Gesetz geben. Die Legalität eines Gesetzes war ausschlaggebend für seine Legitimität"[154]. Damit war sogar eine Selbstauflösung der Weimarer Reichsverfassung

---

[148] Anschütz, Die Verfassung des Deutschen Reichs, Art. 76, Anm. 1ff.
[149] Überblick über Änderungen des Verfassungstextes durch verfassungsänderndes Gesetz: Vgl. Gusy, Die Weimarer Reichsverfassung, S. 146 m. w. N.
[150] Vgl. Huber, Verfassungsgeschichte VI, S. 421ff.
[151] Anschütz, Die Verfassung des Deutschen Reichs, Art 76, Anm. 1, in Fn. 3.
[152] Vgl. Poetzsch-Heffter, Handkommentar der Reichsverfassung, Art. 76, Anm. 2.
[153] Vgl. Anschütz, Die Verfassung des Deutschen Reichs, Art 76, Anm. 1.
[154] Bickenbach, Vor 75 Jahren, S.202.

auf legalem Wege möglich. Jede politische Richtung, die über die notwendige Mehrheit verfügte, konnte die Verfassung auf jede gewünschte Weise folgenlos durchbrechen, abändern oder sie sogar aufheben[155].

Diese Wertneutralität der Weimarer Reichsverfassung wurde bereits von Teilen der Weimarer Staatsrechtslehre kritisiert[156]. Namentlich Carl Schmitt wandte sich gegen die prinzipielle Unbegrenztheit der Verfassungsänderung und trat dafür ein, die Anwendbarkeit des Art. 76 WRV auf die Abänderung minder wichtiger Einzelvorschriften zu beschränken[157]. Bei aller Einsicht in die Zeitgebundenheit des Verfassungsbegriffs enthalte eine Verfassung einen materialen Kern, der sich einer Änderung entziehe[158]. Den von der „pouvoir constituant", der verfassungsgebenden Gewalt, gesetzten Rahmen, die Staatsform, könne die „pouvoir constitué", das Parlament, auch in seiner Funktion als verfassungsändernder Gesetzgeber, nicht überschreiten. Nur die „pouvoir constituant" sei unbeschränkt, die „pouvoir constitué" hingegen besitze ihrer Natur nach lediglich begrenzte Befugnisse. Verändere das Parlament eine Verfassung dergestalt, dass die Staatsform verändert wird, überschreite es die Grenzen, die den Kompetenzen eines durch die Verfassung eingesetzten Organs gezogen seien, da hier das Parlament nicht als „pouvoir constitué", sondern vielmehr als verfassungsgebende Versammlung in Aktion trete und somit seine immanenten Grenzen überschreite[159]. Folgerichtig stellte Schmitt 1933 fest, dass das Ermächtigungsgesetz eine völlig andere Qualität als die ihm vorausgegangen Ermächtigungsgesetze habe, da es die Rechtsgrundlage eines neu entstandenen Staates bilde[160]. Das Ermächtigungsgesetz sei deshalb ein „Wendepunkt von verfassungsgeschichtlicher Bedeutung"[161], der als „Ausdruck des Sieges der nationalen Revolution"[162] und als „vorläufiges Verfassungsgesetz des neuen Deutschland"[163] anzusehen sei[164].

---

[155] Vgl. Gusy, Die Weimarer Reichsverfassung, S. 148.
[156] Vgl. Groh, Zwischen Skylla und Charybdis, S. 440ff.
[157] Vgl. Schmitt, Verfassungslehre, S. 102ff.
[158] Vgl. ebda.
[159] Vgl. ebda.
[160] Vgl. Schmitt, Das Gesetz zur Behebung der Not von Volk und Reich, Sp. 458.
[161] Ebda.
[162] Ebda., Sp. 455.
[163] Schmitt, Staat, Bewegung, Volk, S. 7.
[164] Zur „Selbstentmündigung" Carl Schmitts, der vor dem 30. Januar nicht dem Lager der Nationalsozialisten zugehörig war, unmittelbar danach aber zum „Kronjuristen des Dritten Reichs" wurde: Vgl. Mehring, Carl Schmitt zur Einführung, S. 101ff. m. w. N.

Die Vertreter des Rechtspositivismus hingegen sahen im Ermächtigungsgesetz keinen revolutionären Akt, der die alte Verfassungsordnung auf verfassungswidrige Weise beseitigt habe, die Frage der Verfassungsmäßigkeit wurde vielmehr ausdrücklich bejaht[165]. Lebhaft diskutiert wurde die Frage, ob das Ermächtigungsgesetz als Neugestaltung der Verfassung[166] oder als die Grundlage für eine neue Verfassungsgestaltung anzusehen ist[167], ob das Verfassungsrecht nunmehr zweigeteilt in Verfassungsurkunde und Ermächtigungsgesetz sei oder neben der Verfassung das Ermächtigungsgesetz ohne Verfassungsrang stünde[168]. Fragen, welche die Legalität des Gesetzes nicht berührten, da Art. 76 WRV für die Vertreter des Rechtspositivismus, wie dargestellt, keine materiellen Grenzen für eine Verfassungsänderung enthielt.

Selbst unter Zugrundelegung der damaligen herrschenden Lehre in der Staatsrechtswissenschaft, leidet das Ermächtigungsgesetz jedoch aus heutiger Sicht an erheblichen Verfassungsmängeln, die seine Verfassungswidrigkeit bedingen[169]: Weder waren die Märzwahlen eine Abstimmung im Sinne des Art. 22 WRV, da von einer Chancengleichheit der Parteien, wie oben dargestellt, keine Rede mehr sein konnte, noch geschah die Verhaftung der kommunistischen Abgeordneten im Einklang mit der Verfassung, da dadurch deren in Art. 37 WRV garantierte Immunität verletzt wurde[170]. Auch der vor der Abstimmung ausgeübte Druck auf die Abgeordneten stellt einen verfassungswidrigen Akt der Exekutive dar, da deren Abstimmung nicht mehr als frei, wie sie Art. 21 S. 2 WRV garantiert, angesehen werden kann[171].

Ob die Änderung der Geschäftsordnung Einfluss auf die Verfassungswidrigkeit des Gesetzes hatte, ist strittig: So wird einerseits argumentiert, dass durch die Anwesenheit von 538 Abgeordneten Reichstagspräsident Göring von der geänderten Geschäftsordnung keinen Gebrauch machen musste und sie somit keinen Einfluss auf die Rechtmäßigkeit der Gesetzesverabschiedung hatte[172], andererseits wird als Argument für deren Einfluss auf das Abstimmungsverhalten angeführt, dass ohne das Vorhandensein dieser „verfassungswidrigen Geschäftsordnungsänderung ein Obstruktionsversuch der Opposi-

---

[165] Einen Überblick über die verfassungsrechtliche Diskussion bietet: Morsey, Das Ermächtigungsgesetz, S. 60 ff. (Nr. 34).
[166] Vgl. Westphalen, Vom demokratischen zum autoritären Staat, Sp. 933.
[167] Vgl. Koellreuther, Der nationale Rechtsstaat, Sp. 517.
[168] Vgl. Stritzke, Was gilt noch von der Weimarer Verfassung?, Sp. 1163.
[169] Vgl. Wadle. Das Ermächtigungsgesetz, S. 176.
[170] Vgl. Gusy, Die Weimarer Reichsverfassung, S. 515.
[171] Vgl. ebda.
[172] Vgl. Schneider, Das Ermächtigungsgesetz, S. 429.

tionsparteien erfolgreich ausgegangen wäre. Die zum vollständigen Boykott der Sitzung erforderliche Anzahl von Abgeordneten in Höhe von 216 konnte durch die SPD-Fraktion, 120 Mandate, und die KPD-Fraktion, 81 Mandate, nicht erreicht werden. Es bleibt indes aber fraglich, ob bei Aussicht auf Erfolg die fehlenden 15 Stimmen nicht aus dem Lager des Zentrums oder der anderen bürgerlichen Parteien hätten gewonnen werden können"[173]. Allerdings vermag letztgenannte Argumentation nicht zu überzeugen: Zwar machte die erfolgreiche, wenngleich gar nicht zur Anwendung gekommene, Änderung der Geschäftsordnung eine erfolgreiche Obstruktion durch Verlassen des Sitzungssaales unmöglich, doch beruhte die Entscheidung von Zentrum, BVP und Deutscher Staatspartei weniger auf dem Nichtvorhandensein einer legalen Obstruktionsmöglichkeit als auf Hitlers Drohung, im Falle des Scheiterns des Ermächtigungsgesetzes, im Wege des Staatsnotstandes sich die geforderten diktatorischen Vollmachten zu sichern[174].

Unstreitig ist jedoch, dass die Entscheidung des Reichsrates nicht als verfassungsgemäß bezeichnet werden kann. Bei der Gesetzgebung hatte der Reichrat gem. Art 76 Abs. 2 WRV ein Einspruchsrecht, von dem der Reichsrat jedoch als er am Abend des 23. März 1933 in der Bibliothek des Reichsinnenministeriums zusammentrat, keinen Gebrauch machte. Vielmehr beschlossen die Mitglieder einstimmig, „von dem Gesetzentwurf Kenntnis zu nehmen, ohne Einspruch zu erheben"[175]. Dies konnte allerdings nur geschehen, weil die Stimmen des Landes Preußen von den Reichsbeauftragten für das Land Preußen geführt wurden. Die Abgabe von Reichsratsstimmen durch Reichskommissare anstelle von Landesregierungen war aber, wie dargestellt, nach Weimarer Verfassungsrecht unzulässig[176]. Damit hätten die 34 preußischen Stimmen im Reichsrat (Gesamtzahl der Reichsratsstimmen: 66) bei der Abstimmung nicht berücksichtigt werden dürfen. Ohne derartige Stimmen hätte das Ermächtigungsgesetz das Quorum nach Art. 76 WRV jedoch nicht erreicht[177].

Das Ermächtigungsgesetz vom 24. März 1933 war somit keineswegs verfassungsgemäß zu Stande gekommen, die darauf basierende Machtergreifung der Nationalsozialisten

---

[173] Biesemann, Das Ermächtigungsgesetz, S. 286.
[174] Vgl. Strenge, Machtübernahme 1933, S. 179.
[175] Sitzung des Reichsrats vom 23. März 1933, abgedruckt in Morsey, Das Ermächtigungsgesetz, S. 55 (Nr. 27).
[176] Vgl. Huber, Verfassungsgeschichte VII, S. 1127f.
[177] Vgl. Frotscher/Pieroth, Verfassungsgeschichte, S. 310.

nicht legal: „Die Legalitätsthese war eine Propagandabehauptung der NSDAP und ihrer Anhänger zur Rechtfertigung ihres Verhaltens vor wie nach 1933. Das ergab sich schon aus dem positiven Verfassungsrecht der Republik. Das Fehlen materieller Grenzen der Verfassungsänderung in Art. 76 WRV hat das nationalsozialistische Regime nicht ermöglicht – ebenso wie deren Vorhandensein allein es nicht verhindert hätte"[178]. Auch das Bundesverfassungsgericht kam in einer seiner frühen Entscheidungen zu dem Ergebnis, dass das Ermächtigungsgesetz nicht nach den Vorschriften der Weimarer Reichsverfassung zustande gekommen war und somit als verfassungswidrig anzusehen ist: „Gemessen an den Vorschriften der Weimarer Reichsverfassung war das sogenannte Ermächtigungsgesetz ungültig. [...] Das Ermächtigungsgesetz muß als eine Stufe der revolutionären Begründung der nationalsozialistischen Gewaltherrschaft angesehen werden. Es schuf anstelle der bisherigen eine neue Kompetenzordnung. Diese hatte sich jedenfalls [...] im September 1933 tatsächlich durchgesetzt"[179].

2.5 Die Auswirkungen des Ermächtigungsgesetzes

Mit Inkrafttreten des Ermächtigungsgesetzes am 24. März 1933 war der Weg für die eigentliche Machtergreifung, die Errichtung der Diktatur, geebnet. Das Ermächtigungsgesetz löste die Fesseln des Präsidialkabinetts und schuf Unabhängigkeit vom Reichspräsidenten, von dessen Bereitschaft, Notverordnungen zu erlassen, Hitler bisher abhängig war. Nun war Hitler in der Gesetzgebung autonom, Hindenburg wurde zum Regieren nicht mehr benötigt. Folgerichtig nahm das Regieren mit Notverordnungen nach dem 24. März 1933 ein Ende[180].
Auch Reichstag und Reichsrat spielten fortan im Rahmen der Gesetzgebung keine Rolle mehr, ihre Einspruchs- und Kontrollrechte galten für Regierungsgesetze nicht. Die einzige Hürde für die Etablierung der nationalsozialistischen Diktatur auf dem Gesetzeswege war die Abstimmung im Kabinett, in dem weiterhin auch Mitglieder der DNVP und parteilose Fachminister vertreten waren. Eine leichte Hürde, wie sich schnell herausstellte: Das Papensche Zähmungskonzept hatte völlig versagt. Hitler erlitt in Folge keine Abstimmungsniederlagen im Kabinett und konnte sich ohne Gegenwehr

---

[178] Gusy, Die Weimarer Reichsverfassung, S. 152.
[179] BVerfGE 6, 309 (331).
[180] Vgl. Strenge, Machtübernahme 1933, S. 184.

daran machen, die Errichtung der Diktatur zügig voran zu treiben[181]: „Nachdem die Praxis präsidialer Notverordnungsregierungen unter Brüning und in noch größerem Maße unter Papen zu einer weitgehenden Aufhebung der Gewaltenteilung zwischen Legislative und Exekutive geführt und die Reichsministerbürokratie anstelle des Reichstags zum eigentlichen Gesetzgeber gemacht hatte (‚Entparlamentarisierung'), verschob das sog. Ermächtigungsgesetz endgültig die Balance zwischen Legislative und Exekutive zugunsten der letzteren: Mit der Übertragung der Gesetzgebungsbefugnis einschließlich der Befugnis zu Verfassungsänderungen […] auf die Reichsregierung waren legislative und exekutive Gewalt vereint"[182].

Die tiefgreifenden Veränderungen im Verfassungsleben Deutschlands zeigten sich bereits wenige Tage nach Inkrafttreten des Ermächtigungsgesetzes: Am 29. März 1933 wurde im Wege der neuen Gesetzgebung ein Gesetz realisiert, dass in seiner Planungsphase vom eigenen Justizministerium als verfassungs- und völkerrechtswidrig eingestuft wurde[183]. Das Gesetz über die Verhängung und Vollzug der Todesstrafe vom 29. März 1933[184] (sog. Lex van der Lubbe) war ein Ausnahmegesetz, das die in der Verordnung vom 28. Februar 1933 für Brandstiftung und andere Delikte eingeführte Todesstrafe rückwirkend auf alle seit dem 31. Januar 1933 begangenen Straftaten und damit auch auf den Reichstagsbrand erstreckte. Der Verfassungssatz „nulla poena sine lege" wurde damit aufgegeben[185]. Die „Vernichtung der Grundrechte"[186], die mit der Notverordnung vom 28. Februar 1933 begann, setzte sich nunmehr auf Gesetzesebene fort: Auf der Grundlage dieses Gesetzes wurde der des Reichstagsbrands beschuldigte Holländer Marius van der Lubbe vom Reichsgericht wegen Hochverrats und aufrührerischer Brandstiftung zum Tode verurteilt und am 10. Januar 1934 hingerichtet[187].

Die Gesetzgebung in Deutschland basierte bis zum Zusammenbruch des NS-Staates fast ausschließlich auf dem Ermächtigungsgesetz. Reichstagsgesetze wurden die Ausnahme, Regierungsgesetze die Regel: Zwischen dem 24. März 1933 und dem 8. Mai 1945

---

[181] Vgl. ebda., S. 188.
[182] Frotscher/Pieroth, Verfassungsgeschichte, S. 307f.
[183] Vgl. Strenge, Machtübernahme 1933, S. 186.
[184] RGBl. I, S. 151.
[185] Vgl. Huber, Dokumente IV, S. 662f.
[186] Hufen, Staatsrecht II, S. 28.
[187] Vgl. Huber, Dokumente IV, S. 662f.

wurden insgesamt 883 Regierungsgesetze erlassen, als Reichstagsgesetze kamen lediglich sieben Gesetze zustande[188]:

Tabelle 2: Die Gesetzgebung auf Grund des Ermächtigungsgesetzes nach Erlass des Ermächtigungsgesetzes

Es wurden erlassen nach Erlass des Ermächtigungsgesetzes (24. März 1933)

Im Jahre	Notverordnungen auf Grund des Art. 48 WRV	Reichstagsgesetze	Regierungsgesetze
1933 (seit 24.3.)	3	-	218
1934	-	1	190
1935	-	3	149
1936	-	-	100
1937	-	2	100
1938	-	-	100
1939	-	-	65
1940	-	-	30
1941	-	-	12
1942	-	-	10
1943	-	-	8
1944	-	-	3
1945 (bis 8.5.)	-	-	1

Quelle: Morsey, Das Ermächtigungsgesetz, S. 65 (Nr. 35)

Mit Hilfe des Ermächtigungsgesetzes gingen die Nationalsozialisten zügig daran, Deutschland nach ihren Vorstellungen umzugestalten. Stand zunächst die Sicherung und der Ausbau der erlangten Machtposition im Vordergrund, rückten nach 1934 schnell die Wiederaufrüstung Deutschlands und die Mobilmachung der Wirtschaft zum Zwecke der Kriegsführung, eine expansive Außenpolitik und die Bekämpfung des rassischen Gegners in den Mittelpunkt der gesetzgeberischen Aktivitäten[189]:

Mit dem Vorläufigen Gesetz zur Gleichschaltung der Länder mit dem Reich vom 31. März 1933[190] begann die Phase der Konsolidierung und des Ausbaus der nationalsozialistischen Macht. Mit ihm wurden die Landesregierungen zum Erlass von Landes-

---

[188] Vgl. Morsey, Das Ermächtigungsgesetz, S. 64f. (Nr.35).
[189] Vgl. Biesemann, Das Ermächtigungsgesetz, S. 295ff.
[190] RGBl. I, S. 141.

gesetzen ermächtigt, die bisherigen Volksvertretungen der Länder aufgelöst und nach den Stimmen, die bei der Wahl zum Deutschen Reichstag am 5. März 1933 innerhalb eines jeden Landes auf die Wahlvorschläge entfallen waren, neu gebildet. Nicht berücksichtigt wurden bei dieser Gleichschaltung die Stimmen der KPD. Aufgrund des Zweiten Gleichschaltungsgesetzes vom 7. April 1933[191] wurden sog. Reichsstatthalter eingerichtet, die nach § 1 Abs. 1 S. 2 die Aufgabe hatten, für die Beobachtung der vom Reichskanzler aufgestellten Richtlinien der Politik zu sorgen. Die Reichsstatthalter hatten weitgehende Befugnisse, u. a. die Ernennung und Entlassung des Vorsitzenden der Landesregierung und auf dessen Vorschlag der übrigen Mitglieder der Landesregierung, die Ausfertigung und Verkündigung der Landesgesetze, die Ernennung und Entlassung der unmittelbaren Staatsbeamten und Richter auf Vorschlag der Landesregierung[192].

Das Ende der politischen Parteien bis auf die NSDAP wurde ab Juni 1933 in Angriff genommen: Auf der Grundlage der „Reichstagsbrandverordnung" wurde zunächst die SPD ausgeschaltet und ihren Mandatsträgern jede politische Tätigkeit untersagt, die übrigen Parteien lösten sich auf staatlichen Druck hin selbst auf[193]. Das Gesetz gegen die Neubildung von Parteien vom 14. Juli 1933[194] erklärte die NSDAP zur „einzigen politischen Partei" und stellte die Fortsetzung oder Neubildung anderer Parteien unter Strafe. Durch das Gesetz zur Sicherung der Einheit von Partei und Staat vom 1. Dezember 1933[195] wurde der NSDAP sogar der Status einer Körperschaft des öffentlichen Rechts verliehen.

Auch der innerparteiliche Gegner wurde dank des Ermächtigungsgesetzes auf scheinlegale Weise beseitigt: Zwischen SA-Chef Ernst Röhm und Hitler war es nach dem 30. Januar 1933 zu immer stärkeren Differenzen über die Rolle der SA im Dritten Reich gekommen. Billigte Hitler ihr lediglich die Aufgabe zu, die Macht der Partei zu demonstrieren und Parteikundgebungen zu schützen, wollte Röhm ihr durch Verschmelzung mit der Reichswehr zu einer Miliz eine beherrschende Rolle im Staat verschaffen. Sowohl Reichswehrführung als auch Parteiführung und SS drängten deshalb Hitler im

---

[191] RGBl. I, S. 173.
[192] Die endgültige Beseitigung des Bundesstaates wurde auf der Grundlage eines Reichstagsgesetzes vollzogen: Mit dem „Gesetz über den Neuaufbau des Reichs" vom 30. Januar 1934 wurden die letzten Reste der Länderstaatlichkeit beseitigt (RGBl. I, S. 75).
[193] Vgl. Broszat, Der Staat Hitlers, S.117ff.
[194] RGBl. I, S. 479.
[195] RGBl. I, S. 1016.

Sommer 1934 zu einer gewaltsamen Entmachtung Röhms und der SA. Die Abrechnung erfolgte am 30. Juni 1934. Unter dem Vorwand, ein Putsch der SA stehe unmittelbar bevor, ließ Hitler Ernst Röhm und Dutzende anderer hoher SA-Führer ohne Verfahren von SS-Kommandos zwischen dem 30. Juni und 2. Juli 1934 erschießen. Unter den rund 85 Erschossenen befanden sich auch andere Gegner Hitlers, wie Gregor Strasser und General von Schleicher. Dank der Unterstützung der Reichswehr, welche die SS mit Waffen und Transportmitteln versorgte und im Ernstfall zum Eingreifen bereit war, konnte die SA in der sog. Nacht der langen Messer dauerhaft entmachtet werden[196]. Am 3. Juli erließ die Reichsregierung das Gesetz über Maßnahmen der Staatsnotwehr[197], das die blutige Abrechnung nachträglich legalisieren sollte. Führerwillkür und Terroraktionen, die zuvor noch als unvermeidliche Begleiterscheinungen entschuldigt wurden, wurden nunmehr in aller Form zum Prinzip erhoben[198]. Hitler selbst rechtfertigte die Mordaktion damit, dass „es um Sein oder Nichtsein des deutschen Volkes ging"[199]. In dieser Stunde sei er der „oberste Gerichtsherr"[200] Deutschlands gewesen. Widerstand regte sich nicht – im Gegenteil: Justiz und Bevölkerung begrüßten Hitlers Vorgehensweise und feierten die Ermordung der SA-Führung als befreiende Tat gegen notorische Unruhestifter[201].

Auch die Verwaltungshoheit konnte sich Hitler dank des Ermächtigungsgesetzes dauerhaft sichern: Die scheinbare Legalität des Zustandekommens des Ermächtigungsgesetzes verpflichtete den gesamten Behörden- und Justizapparat zum Gehorsam gegenüber der Regierung: „Gegen einen Staatsstreich, der nicht im Gewande der Legalität gekommen wäre, hätten Richter und Beamte wahrscheinlich durchaus loyal für den Bestand

---

[196] Vgl. Broszat, Der Staat Hitlers, S. 267ff.
[197] „Die Reichsregierung hat das folgende Gesetz beschlossen, das hiermit verkündet wird:
Einziger Artikel
Die zur Niederschlagung hoch- und landesverräterischer Angriffe am 30. Juni, 1. und 2. Juli 1934 vollzogenen Maßnahmen sind als Staatsnotwehr rechtens" (RGBl I, S. 529).
[198] Vgl. Frotscher/Pieroth, Verfassungsgeschichte, S. 317.
[199] Reichskanzler Hitler, zit. nach: Fest, Hitler, S. 640.
[200] Vgl. ebda.; Carl Schmitt rechtfertigte das Vorgehen gegen die SA mit dem Naturrecht: „Der wahre Führer ist immer auch Richter. Aus dem Führertum fließt das Richtertum. Wer beides voneinander trennen oder gar entgegensetzen will, macht den Richter entweder zum Gegenführer oder zum Werkzeug eines Gegenführers und sucht den Staat mit Hilfe der Justiz aus den Angeln zu heben. [...] In Wahrheit war die Tat des Führers echte Gerichtsbarkeit. Sie untersteht nicht der Justiz, sondern war selbst höchste Justiz. [...] Das Richtertum des Führers entspringt derselben Rechtsquelle, der alles Recht jedes Volkes entspringt. In der höchsten Not bewährt sich das höchste Recht und erscheint der höchste Grad richterlich rächender Verwirklichung des Rechts. Alles Recht stammt aus dem Lebensrecht des Volkes" (Carl Schmitt, Der Führer schützt das Recht, S. 945f.).
[201] Vgl. Winkler, Der lange Weg nach Westen II, S. 37.

der Weimarer Republik gekämpft. Das hatten sie unter Führung der Staatssekretäre in bemerkenswertem Umfang 1920 während des Kapp-Putsches getan, obwohl die damalige Revolte konservative Ideen verfolgte, die unter den Berufsbeamten weit volkstümlicher waren als die faschistischen der Hitlerpartei. So würden viel von ihnen auch jetzt wieder gehandelt haben, wäre Hitler [...] als Usurpator aufgetreten, oder hätten sie einer klaren Verletzung von Gesetz und Verfassung gegenübergestanden. Aber nach Hitlers verfassungsmäßiger Ernennung durch den rechtmäßigen Reichspräsidenten und nach Annahme des Ermächtigungsgesetzes, mit der von der Weimarer Reichsverfassung geforderten Mehrheit, schien es für Beamte und Richter [...] keine andere Wahl zu geben, als zu gehorchen"[202].

Die endgültige Ausschaltung politisch unerwünschter Beamte wurde mit dem Gesetz zur Wiederherstellung des Berufsbeamtentums" vom 7. April 1933[203] erreicht. Das Gesetz diente zur „Reinigung des Beamtentums von berufsfremden, artfremden und politisch unzuverlässigen Beamten"[204], wie es eines der führenden Verfassungsrechtslehrbücher des Dritten Reiches ausdrückte, und sollte die Verankerung nationalsozialistischen Gedankenguts im Beamtentum gewährleisten – eine wichtige Maßnahme zur Absicherung der erworbenen Machtstellung, schließlich oblag die Ausführung der nationalsozialistischen Gesetze dem Beamtentum, dessen Funktionsfähigkeit im nationalsozialistischen Sinne deshalb von entscheidender Bedeutung war. Auf Grund des Gesetzes zur Wiederherstellung des Beamtentums verfügte die Regierung Hitler sehr schnell über die uneingeschränkte Verwaltungshoheit im Deutschen Reich, deren Wesensmerkmal nicht mehr länger die Gesetzmäßigkeit der Verwaltung war, sondern die Rechtmäßigkeit der Verwaltung, die sich aus dem völkischen Rechtsgedanken ableitete[205].

Ein weiterer Schritt hin zum Führerstaat, der mit Hilfe des Ermächtigungsgesetzes realisiert wurde, stellt die Beseitigung des Reichsrates dar. Durch die „Degradierung der Länder zu Provinzen"[206] wurde der Reichsrat überflüssig und zudem als Repräsentant eines föderativen Staatsaufbaus in einer sich formierenden Diktatur ein Fremdkörper, den Hitler bereits in seiner Kampfschrift verächtlich als Unfug, den es zu beseitigen

---

[202] Brecht, Vorspiel zum Schweigen, S. 144.
[203] RGBl. I, S. 175.
[204] Huber, Verfassungsrecht des großdeutschen Reiches, S. 446.
[205] Vgl. ebda., S. 274.
[206] Maurer, Staatsrecht I, S. 66.

gälte, schmähte²⁰⁷. Seine Beseitigung ließ deshalb nicht lange auf sich warten. Das Gesetz über die Aufhebung des Reichsrats vom 14. Februar 1933²⁰⁸ besiegelte unter Verstoß gegen die in Art. 2 des Ermächtigungsgesetzes abgegebene institutionelle Garantie von Reichstag, Reichsrat und Reichspräsident das formelle Ende des Reichsrats, die Art. 60 bis 67 WRV wurden außer Kraft gesetzt.

Die Vereinigung der Ämter des Reichskanzlers und des Reichspräsidenten nach dem Tod von Reichspräsident Hindenburg am 2. August 1934 durch das Gesetz über das Staatsoberhaupt" vom 1. August 1934²⁰⁹, das wiederum gegen Art. 2 des Ermächtigungsgesetzes verstieß, bildeten den folgerichtigen Abschluss des Machtergreifungsprozesses: „Die Diktatur war perfekt. Es war ein Rückfall in die Zeit des Absolutismus, allerdings mit dem Unterschied, daß die damals grundsätzlich noch beachteten religiösen und ethischen Bedingungen ebenfalls nichts mehr galten"²¹⁰.

Die Geltungsdauer des Ermächtigungsgesetzes wurde zwei Mal durch Reichstagsgesetz²¹¹, am 10. Mai 1943 schließlich sogar durch „Führererlass" auf unbestimmte Zeit verlängert²¹². Es blieb den Siegermächten vorbehalten, das Ermächtigungsgesetz außer Kraft zu setzen: Das Kontrollratsgesetz Nr. 1 vom 20. September 1945²¹³ hob das Ermächtigungsgesetz zusammen mit weiteren grundlegenden nationalsozialistischen Gesetzen, wie das Gesetz gegen die Neubildung von Parteien und die Gesetze, die der Diskriminierung jüdischer Mitbürger dienten, auf²¹⁴.

2.6 Zusammenfassung

Das Ermächtigungsgesetz vom 24. März 1933 räumte der Reichsregierung Hitler das Recht ein, vier Jahre lang Gesetze ohne Mitwirkung des Reichstages und des Reichsrates zu erlassen. Die Übertragung von Rechtssetzungsbefugnissen auf die Exekutive schloss auch das Recht ein, verfassungsändernde Gesetze zu erlassen. Das Ermächtigungsgesetz wurde möglich, weil die Weimarer Reichsverfassung keinerlei materiellen

---

[207] Vgl. Hitler, Mein Kampf, S. 645.
[208] RGBl. I, S. 89.
[209] RGBl. I, S. 747.
[210] Maurer, Staatsrecht I, S. 66f.
[211] Vgl. Gesetz zur Verlängerung des Gesetzes zur Behebung der Not von Volk und Reich vom 30. Januar 1937 (RGBl. I, S. 105), 2. Verlängerung durch Gesetz vom 30. Januar 1939 (RBGl. I, S. 95).
[212] RGBl. I, S. 295.
[213] ABl. des Kontrollrats, S. 6.
[214] Vgl. Frotscher/Pieroth, Verfassungsgeschichte, S. 351f.

Grenzen für eine Verfassungsänderung setzte und sogar die Verfassung selbst zur Disposition stellte. Hinzu kam, dass seit Mitte der 1920er Jahre in der Weimarer Republik republikanisch-demokratisches Denken in die Defensive geraten war.

Die Legalität des Ermächtigungsgesetzes ist bis zum heutigen Tag umstritten. Die Weimarer Staatsrechtslehre ging von seiner Verfassungsmäßigkeit aus. Überwiegend wird es heute allerdings als verfassungswidrig angesehen, da es zahlreiche verfahrensrechtliche Fehler aufweist, die seine Verfassungswidrigkeit bedingten[215]. Das Ermächtigungsgesetz vom 24. März 1933 gab den Nationalsozialisten aber zumindest den Anschein von Legalität. Verwaltung und Justiz fühlten sich deshalb der neuen Führung verpflichtet und folgten ihren Anordnungen. Hit Hilfe des Ermächtigungsgesetzes gingen die Nationalsozialisten zügig daran, Deutschland nach ihren Vorstellungen umzugestalten. Das Ermächtigungsgesetz kann vor diesem Hintergrund als der Tiefpunkt in der deutschen Verfassungsgeschichte bezeichnet werden[216].

---

[215] Vgl. Gusy, Die Weimarer Reichsverfassung, S. 151 m. w. N.
[216] Vgl. Bickenbach, Vor 75 Jahren, S. 199.

3 Die Konsequenzen des Grundgesetzes

Wie „die geisterhafte Erscheinung eines nach verfehltem Leben unglücklich Abgeschiedenen" habe die Weimarer Verfassung die Bonner Beratungen erfüllt und bedrückt" [217]. Die Auslieferung des Staates an die Verfassungsfeinde und deren Beseitigung der demokratischen Verfassungsordnung dominierte die Arbeit der Abgeordneten des Parlamentarischen Rates, die am 1. September 1948 in Bonn zusammentraten, um über eine neue Verfassung zu beraten, die Deutschland eine neuerliches Abdriften in Diktatur, Krieg und Elend ersparen sollte[218]: „Der Parlamentarische Rat hat seine Kraft wesentlich darin verbraucht, dieses Gespenst zu bannen, die Not seiner Unruhe zu erfahren und zu beheben. [...] Sicherlich [...] war die Wirkung, die von Weimar nach Bonn ausstrahlte, tief, und äußerte sich offenbar weithin als beängstigende Last"[219]. Die Orientierung an den Ereignissen der Jahre 1919 bis 1945 ragte dabei gegenüber allen anderen Faktoren, welche die Arbeit des Parlamentarischen Rates beeinflussten, hervor: „Wenn der PR die Zukunft gestalten wollte, hieß das immer, daß er der Zukunft nicht das Gesicht der Vergangenheit geben wollte. Überspitzt gesagt: der PR wußte nicht, was er wollte, er wußte aber sehr genau, was er nicht wollte"[220].

Im Folgenden soll nun untersucht werden, welche Rolle das Scheitern der Weimarer Reichsverfassung bei der Formulierung des Grundgesetzes gespielt hat, welche Konsequenzen der Verfassungsgeber aus der Beseitigung der Verfassung der Weimarer Republik durch die Verfassungsfeinde gezogen und welche Sicherungselemente er in die Verfassung implementiert hat, die ein neuerliches Abdriften Deutschlands in die Diktatur verhindern sollen. Zunächst soll ein kurzer Überblick über die Entstehungsgeschichte des Grundgesetzes gegeben werden, sodann sollen die wichtigsten Konsequenzen des Grundgesetzes aus dem Scheitern der Weimarer Reichsverfassung im Grundrechts- und Staatsorganisationsteil des Grundgesetzes dargestellt und schließlich die einzelnen Bestimmungen des Grundgesetzes, die der Bestandssicherung der Republik dienen, analysiert werden.

---

[217] Weber, Spannungen und Kräfte im westdeutschen Verfassungssystem, S. 9.
[218] Vgl. Otto, Das Staatsverständnis des Parlamentarischen Rates, S. 55ff.
[219] Weber, Spannungen und Kräfte im westdeutschen Verfassungssystem, S. 9.
[220] Fromme, Von der Weimarer Verfassung zum Bonner Grundgesetz, S. 15.

3.1 Die Entstehung des Grundgesetzes

Der von Hitler ausgelöste und mit unerbittlicher Härte geführte Zweite Weltkrieg endete für Deutschland in einer Katastrophe unbeschreiblichen Ausmaßes. Selbst die alliierten Siegermächte, die das Land besetzten, waren über das Chaos in Deutschland, über das Elend und die Trümmerlandschaften, die sie vorfanden, überrascht[221]. Die deutsche Wehrmacht kapitulierte bedingungslos am 7. Mai 1945 im Hauptquartier der Westalliierten in Reims und am 8. Mai 1945 im sowjetischen Hauptquartier in Karlshorst bei Berlin. Die Kapitulation trat am 8. Mai 1945 um 23:01 Uhr in Kraft. Zwar hatte sie lediglich militärische Bedeutung, doch dokumentierte sie nicht nur den völligen Zusammenbruch der Wehrmacht, sondern auch des Parteiapparates und der staatlichen Organe[222]. Im Mai 1945 gab es keine funktionsfähigen Staatsorgane mehr in Deutschland. Zwar verfügte Deutschland nach dem Selbstmord Adolf Hitlers am 30. April 1945 noch über eine Regierung, doch übte die von Hitler eingesetzte geschäftsführende Reichsregierung unter Admiral Dönitz bis zu ihrer Verhaftung am 23. Mai 1945 in Mürwick bei Flensburg keinerlei effektive Staatsgewalt mehr aus[223]. Mit der „Berliner Erklärung" vom 5. Juni 1945 übernahmen die vier Siegermächte USA, Sowjetunion, Großbritannien und Frankreich „die oberste Regierungsgewalt in Deutschland, einschließlich aller Befugnisse der deutschen Regierungen, Verwaltungen oder Behörden der Länder, Städte und Gemeinden"[224]. Allerdings wurde ausdrücklich betont, dass damit keine Annexion Deutschlands bewirkt worden wäre und die Frage der Grenzen Deutschlands offen bleibe[225]. Das Gebiet Deutschlands wurde zunächst in drei, später nach dem Zutritt Frankreichs, in vier Besatzungszonen aufgeteilt und jeweils einer Besatzungsmacht zugewiesen[226]. Die oberste Befehlsgewalt lag beim jeweiligen Militärgouverneur, der nur den Weisungen seiner Regierung unterstand. Die vier Militärgouverneure bildeten zusammen den Alliierten Kontrollrat, der das oberste Gesetzgebungs- und Exekutivorgan in den Besatzungszonen bildete. Seine Haupttätigkeit be-

---

[221] Vgl. Adenauer, Erinnerungen 1945-1953, S. 83f.
[222] Vgl. Seidl-Hohenveldern, Völkerrecht, S. 164ff.
[223] Vgl. Hansen, Das Ende des Dritten Reiches, S. 85ff.
[224] ABl. des Kontrollrats, Ergänzungsblatt Nr. 1. S.7.
[225] Vgl. ebda,
[226] Berlin war keiner dieser Zonen zugehörig, sondern wurde unter die gemeinsame Verwaltung aller Siegermächte gestellt. Die Einrichtung einer französischen Besatzungszone erfolgte auf Kosten der USA und Großbritanniens, da die Sowjetunion sich weigerte, ihre Zone zu Gunsten Frankreichs zu verkleinern. (vgl. Frotscher/Pieroth, Verfassungsgeschichte, S. 245f.)

stand in der Rechtsetzung mittels Proklamationen, Gesetzen und Befehlen, die für alle in Deutschland lebenden Personen verbindlich waren. Allein ein Drittel dieser 62 vom Alliierten Kontrollrat erlassenen Gesetze, betraf die Beseitigung des nationalsozialistischen Rechts. Insbesondere das Kontrollratsgesetz Nr. 1 vom 20. September 1945 hob grundlegende nationalsozialistische Gesetze wie das Ermächtigungsgesetz und die darauf basierende Gesetzgebung auf.[227].

Die Besatzungspolitik der Alliierten zielte von Anfang auch auf den Wiederaufbau der deutschen Staatlichkeit. Schon auf der Potsdamer Konferenz, die vom 17. Juli bis 2. August 1945 im Cecilienhof in Potsdam stattfand, beschlossen die Regierungschefs Truman (USA), Stalin (Sowjetunion) und Attlee (Großbritannien), dass dem deutschen Volk die Möglichkeit gegeben werde solle, „sich darauf vorzubereiten, sein Leben auf einer demokratischen und friedlichen Grundlage von neuem wiederaufzubauen"[228]. Damit waren die Kernpunkte einer neuen deutschen Staatlichkeit vorgegeben, die von den Alliierten bereits zu diesem frühen Zeitpunkt mit der Forderung nach einer unabhängigen Gerichtsbarkeit, der Gleichheit aller Bürger vor dem Gesetz und der friedlichen Einbindung Deutschlands in das internationale System präzisiert wurden[229]. Der Wiederaufbau der deutschen Staatlichkeit erfolgte von unten nach oben: Zunächst wurden auf der kommunalen Ebene Bürgermeister und Landräte von den Besatzungsbehörden eingesetzt, sodann politische Parteien zugelassen und schließlich im Laufe des Jahres 1946 von der Bevölkerung Gemeindevertretungen und Kreistage gewählt, die ihrerseits Bürgermeister und Landräte wählten oder bestätigten. Anschließend, zum Teil sogar gleichzeitig, wurden von den Besatzungsmächten in ihren Zonen Länder errichtet und Ministerpräsidenten und Landesregierungen bestellt. Mit Ausnahme der britischen Besatzungszone kam es sodann zur Wahl von verfassungsgebenden Landesversammlungen. Die von ihnen beschlossenen und durch Volksentscheid angenommenen Landesverfassungen bildeten die Grundlagen für die Wahl der Landtage und das staatliche Leben in den Ländern überhaupt. Der föderale Aufbau Deutschlands und die damit verbundene Absage an einen zentralstaatlichen Aufbau mit starker Zentralgewalt, waren damit bereits vorgegeben. Die Forderung nach einem starken Föderalismus sollte eine

---

[227] Vgl. Stern, Staatsrecht V, S. 944.
[228] ABl. des Kontrollrats, Ergänzungsblatt Nr. 1, S. 13.
[229] Vgl. ebda.

der wesentlichen Bedingungen der Alliierten für die Genehmigung einer deutschen Verfassung werden[230].

Die gemeinsame Grundlage für eine alliierte Besatzungspolitik ging jedoch nach Bildung der Länder im Zuge der weltpolitischen Spannungen zwischen den drei Westmächten und der Sowjetunion verloren und führte zur Entstehung einer Zweistaatlichkeit auf deutschem Boden[231]. 1947 wurden die amerikanische und die englische Besatzungszonen zum „Vereinigten Wirtschaftsgebiet", der sog. Bizone, mit eigenen Organen und Zuständigkeiten im wirtschaftlichen Bereich zusammengeschlossen. Als die UdSSR am 20. März 1948 aus dem Alliierten Kontrollrat auszog, verfolgten die USA entschlossen die zügige wirtschaftliche und politische Integration der westlichen Länder[232]. Die wichtigsten Schritte bildeten dabei das nach dem amerikanischen Außenminister George C. Marshal benannte US-Wirtschaftshilfeprogramm vom 16. April 1948, die Erweiterung der „Bizone" zu einer „Trizone" durch Einbeziehung der französischen Regierung in die Verfassungspläne der „Londoner Konferenz", die vom 23. Februar bis 6. März 1948 und vom 20. April bis 2. Juni 1948 stattfand und sich eingehend mit einer westdeutschen Verfassung beschäftigte sowie die Währungsreform vom 20. Juni 1948. Die Reaktion der Sowjetunion auf die Währungsreform – Ausscheiden aus der Berliner Alliierten Stadtkommandantur am 16. Juni 1948 und Berlin-Blockade ab dem 24. Juni 1948 – tat ein Übriges, um die Entwicklung hin zu einer deutschen Zweistaatlichkeit unumkehrbar zu machen[233].

Am 1. Juli 1948 gaben die Militärgouverneure Lucius D. Clay (USA), Pierre Koenig (Frankreich) und Sir Brian Robertson (Großbritannien) die Empfehlungen der Londoner Sechs-Mächte-Konferenz den neun Ministerpräsidenten und zwei Regierenden Bürgermeistern aus den westlichen Besatzungszonen bekannt. Die Länderchefs erhielten den Auftrag zur Weststaatsgründung. Dokument I ermächtigte sie, eine verfassunggebende Versammlung einzuberufen, die spätestens am 1. September 1948 zusammentreten und eine Regierungsform des föderalistischen Typs schaffen sollte, welche "die Rechte der beteiligten Länder schützt, eine angemessene Zentralinstanz schafft und die Garantien

---
[230] Vgl. Morsey, Die Bundesrepublik Deutschland bis 1969, S. 7f.
[231] Vgl. Maurer, Staatsrecht I, S. 80f.
[232] Vgl. Feldkamp, Der Parlamentarische Rat 1948-1949, S. 10
[233] Vgl. Morsey, Die Bundesrepublik Deutschland bis 1969, S. 16f.

der individuellen Rechte und Freiheiten enthält"[234]. Der bereits auf der Potsdamer Konferenz beschlossene föderalistische Aufbau Deutschlands war somit nicht verhandelbar, zumal die Militärregierungen sich die Genehmigung der Verfassung vorbehielten. Dokument II wies die Ministerpräsidenten an, "die Grenzen der einzelnen Länder zu überprüfen"[235]. Dabei habe man versucht, "überlieferten Formen Rechnung" zu tragen und die Schaffung von Ländern zu vermeiden, die im Vergleich mit anderen "entweder zu groß oder zu klein"[236] seien – ein erneutes, den Föderalismus zerstörendes Übergewicht eines Landes wie Preußen sollte verhindert werden. Die Ministerpräsidenten der drei westlichen Zonen reagierten auf die Frankfurter Dokumente mit äußerster Besorgnis, sahen sie in den Plänen doch die Gefahr einer dauerhaften Spaltung Deutschlands in Ost und West[237]. Nach dreiwöchigen Verhandlungen untereinander auf dem Rittersturz bei Koblenz, in Niederwald bei Rüdesheim und in Frankfurt verständigten sie sich auf die gemeinsame Linie, dass die Frankfurter Dokumente zwar angenommen werden, jedoch die Schaffung eines westdeutschen Staates abgelehnt werden solle[238]. Am 26. Juli konnten die Länderchefs den Militärgouverneuren in Frankfurt das Zugeständnis abringen, dass statt einer Nationalversammlung ein Parlamentarischer Rat gebildet wird, der nicht vom Volk gewählt werden, sondern aus Delegierten der elf Landtage bestehen soll[239]. Die Aufgabe dieses Parlamentarischen Rates sollte keineswegs eine dauerhafte Verfassung, sondern lediglich eine vorläufige Konstitution sein. Um den provisorischen Charakter des zu schaffenden Gebildes zu unterstreichen, sollte er „ein Grundgesetz für die einheitliche Verwaltung des Besatzungsgebietes der Westmächte"[240] ausarbeiten. Auch eine Volksabstimmung über die Annahme der Verfassung wurde abgelehnt[241].

Die westlichen Militärgouverneure lehnten zunächst die Koblenzer Beschlüsse ab, lenkten aber schließlich nach mehreren Gesprächen mit den Ministerpräsidenten am 26.

---

[234] Dokument I der Frankfurter Dokumente vom 1. Juli 1948, abgedruckt in: Huber, Quellen zum Staatsrecht der Neuzeit, Bd. 2, S. 197.
[235] Dokument II der Frankfurter Dokumente vom 1. Juli 1948, abgedruckt in: Huber, Quellen zum Staatsrecht der Neuzeit, Bd. 2, S. 198.
[236] Ebda.
[237] Vgl. Görtemaker, Kleine Geschichte der Bundesrepublik Deutschland, S. 35.
[238] Vgl. Winkler, Der lange Weg nach Westen II, S. 131.
[239] Vgl. Feldkamp, Der Parlamentarische Rat 1948-1949, S. 23.
[240] Antwortnote der Ministerpräsidenten der westdeutschen Besatzungszonen an die Militärgouverneure mit Stellungnahme zu den Frankfurter Dokumenten vom 10. Juli 1948, abgedruckt in: Der Parlamentarische Rat, Bd. 1. S. 146 (Nr. 7).
[241] Vgl. Görtemaker, Kleine Geschichte der Bundesrepublik Deutschland, S. 35.

Juli 1948 ein und akzeptierten den Wunsch der Ministerpräsidenten, lediglich eine vorläufige Verfassung zu schaffen. An die Stelle eines Plebiszites trat, wie von den Länderchefs gefordert, die Bestätigung durch die Landtage[242].

Auf Anregung des bayerischen Ministerpräsidenten Hans Ehard (CSU) erarbeitete vom 10. bis 23. August 1948 ein Ausschuss von Sachverständigen auf der Insel Herrenchiemsee einen Verfassungsentwurf, der bereits wesentliche Züge des späteren Grundgesetzes enthielt und eine wichtige Arbeitsgrundlage in den Beratungen des Parlamentarischen Rates darstellte[243]. Die Ergebnisse dieses Verfassungskonventes lassen deutlich die kritische Auseinandersetzung mit der Weimarer Reichsverfassung erkennen. Vor allem deren rechtstechnische Mängel wurden dabei einer eingehenden Prüfung unterzogen und als Ursache für die Entstehung der nationalsozialistischen Diktatur erkannt[244]. Um eine neuerliche Diktatur auf deutschem Boden wurden folgende „unumstrittenen Hauptgedanken"[245] festgehalten:

„1) Es bestehen zwei Kammern. Eine davon ist ein echtes Parlament. Die andere gründet sich auf die Länder.
2) Die Bundesregierung ist vom Parlament abhängig, sofern es zur Regierungsbildung fähig ist. Das Vertrauen einer arbeitsfähigen Mehrheit ist unerläßlich und jederzeit ausreichend, einen Mann an die Spitze der Regierung zu bringen.
3) Eine arbeitsunfähige Mehrheit kann dagegen weder die Regierungsbildung vereiteln, noch eine bestehende Regierung stürzen. Der Ausweg einer Präsidialregierung wird dabei vermieden.
4) Neben der Regierung steht als neutrale Gewalt das Staatsoberhaupt. Die Funktion wird zunächst behelfsmäßig versehen. Nach Herstellung einer angemessenen völkerrechtlichen Handlungsfreiheit und nach Klärung des Verhältnisses zu den ostdeutschen Ländern wird sie nach der überwiegenden Meinung von einem Bundespräsidenten übernommen.
5) Notverodrnungsrecht und Bundeszwang liegen bei der Bundesregierung und der Länderkammer, nicht beim Staatsoberhaupt.
6) Bei der Bundesaufsicht leistet die Bundesjustiz Hilfsstellung.
7) Die Vermutung spricht für Gesetzgebung, Verwaltung, Justiz, Finanzhoheit und Finanzierungspflicht der Länder.
8) Bund und Länder führen eine getrennte Finanzwirtschaft.
9) Es gibt kein Volksbegehren. Einen Volksentscheid gibt es nur bei Änderungen des Grundgesetzes.

---

[242] Vgl. Feldkamp, Der Parlamentarische Rat 1948-1949, S. 27f.
[243] Vgl. Otto, Das Staatsverständnis des Parlamentarischen Rates, S. 39ff.
[244] Vgl. ebda., S. 36.
[245] Vgl. Bericht über den Verfassungskonvent auf Herrenchiemsee, abgedruckt in: Der Parlamentarische Rat, Bd. 2, S. 505 (Nr. 14).

10) Eine Änderung des Grundgesetzes, durch die die freiheitliche und demokratische Grundordnung beseitigt würde, ist unzulässig."[246]

Am 1. September 1948 konstituierte sich schließlich der Parlamentarische Rat in Bonn. Ihm gehörten insgesamt 65 von den elf westlichen Landtagen gewählte Abgeordnete an sowie fünf, nicht stimmberechtigte Vertreter Berlins. 27 Abgeordnete gehörten der SPD, 27 der CDU/CSU, 5 der FDP sowie jeweils 2 der DP, dem Zentrum und der KPD an. Ein großer Teil der Abgeordneten war bereits in der Weimarer Republik politisch aktiv tätig gewesen, nicht wenige von ihnen waren bis zur Auflösung der politischen Parteien durch die Nationalsozialisten Mitglieder des Reichstages. Zwei Drittel von den Mitgliedern des Parlamentarischen Rates waren Akademiker, ein großer Teil von ihnen Juristen[247]. Als Präsident amtierte der CDU-Vorsitzende der britischen Zone Konrad Adenauer, Vorsitzender des Hauptausschusses wurde der Justizminister von Württemberg-Hohenzollern, Carlo Schmid (SPD). Zur Vorbereitung der Plenarsitzungen wurden ein Hauptausschuss und fünf Fachausschüsse gebildet sowie am 30. September 1948 ein Redaktionskomitee, das auch materielle Änderungsvorschläge unterbreitete. Im Januar 1949 wurde ein zusätzlicher sog. Fünferausschuss gebildet, der in der Schlussphase der Beratungen zum sog. Siebenerausschuss erweitert wurde. Diese beiden Gremien sollten die politischen Streitfragen im Parlamentarischen Rat und die Differenzen mit den Militärgouverneuren beizulegen versuchen. Zudem wurde ein Ausschuss für die Ausarbeitung des Bundeswahlgesetzes und für Besatzungsfragen eingerichtet[248].

Trotz großer weltanschaulicher Unterschiede war die Mehrzahl der Mitglieder des Parlamentarischen Rates in den Grundsatzfragen des zu beratenden Grundgesetzes einer Meinung und bekannte sich zu einer demokratischen Ordnung auf bundesstaatlicher Grundlage mit rechtsstaatlichen Gewährleistungen[249]. Einigkeit bestand auch unter den Abgeordneten des Parlamentarischen Rates, dass die rechtstechnischen Mängel der Weimarer Reichsverfassung sich nicht wiederholen durften: „Allgemeiner Grundsatz unsererseits war, dass wir aus den Fehlern der Weimarer Republik die nötigen Folgerungen ziehen müssten. Die Stellung des künftigen Bundespräsidenten durfte nicht mit den Vollmachten versehen werden, die der Reichspräsident der Weimarer Republik

---

[246] Ebda., S. 505f.
[247] Vgl. Otto, Das Staatsverständnis des Parlamentarischen Rates, S. 42ff. m. w. N.
[248] Vgl. Kröger, Einführung in die Verfassungsgeschichte der Bundesrepublik Deutschland, S. 21.
[249] Vgl. ebda.

besessen hatte. Ein weiterer Grundsatz unserer Arbeit war, die Stellung des Bundeskanzlers stärker zu machen, als es die des Reichskanzlers der Weimarer Republik gewesen war. Es sollte nach dem künftigen Grundgesetz nicht mehr möglich sein, einzelne Minister durch Misstrauensantrag aus ihren Ämtern zu entfernen und dadurch dem Bundeskanzler die Erfüllung seiner Pflichten zu erschweren"[250].

Einigkeit bestand auch in der Ablehnung des Parlamentarischen Rates, die Weimarer Reichsverfassung wieder in Kraft zu setzen – ein Gedanke, der nur vereinzelt und interessanterweise auch kurzzeitig von den Alliierten geäußert wurde[251]. Heftig umstritten allerdings war die konkrete Ausgestaltung des föderalen Aufbaus des neuen Staates. Während sich SPD, KPD und Zentrum eher schwer mit den föderalistischen Vorgaben der Alliierten taten und eine unitarische Grundhaltung einnahmen[252], drängte die bayerische CSU auf einen dezidiert föderalistischen Staatsaufbau, in dem sie die wirksamste Waffe gegen einen diktatorischen Umsturz sah[253]. Rückendeckung erfuhr die CSU dabei durch die Militärgouverneure: Sowohl am 22. November 1948 als auch am 1. März 1949 mahnten diese in Memoranden den Parlamentarischen Rat zu mehr Föderalismus und warfen ihm vor, zu zentralistisch ans Werk gegangen zu sein[254]. Am 8. Mai 1949, vier Jahre nach der Kapitulation, wurde das Grundgesetz schließlich im Parlamentarischen Rat mit 53 gegen 12 Stimmen angenommen. Dagegen stimmten 6 der 8 Abgeordneten der CSU und die jeweils zwei Abgeordneten der DP, des Zentrums und der KPD[255]. Nach der Genehmigung durch die drei westlichen Militärgouverneure am 12. Mai 1949[256] war noch die Annahme durch die Landtage von zwei Drittel der Länder gem. Art 144 Abs. 1 GG erforderlich. Zehn der elf Landtage stimmten mit deutlicher Mehrheit zu, lediglich der Landtag des Freistaates Bayern versagte nach längerer Debatte mit 101 gegen 63 Stimmen bei 9 Enthaltungen dem Grundgesetz seine Zustimmung, erklärte aber mit 97 gegen 6 Stimmen bei 70 Enthaltungen unter Hinweis auf Art 144 Abs. 1 GG, dass die Rechtsverbindlichkeit des Grundgesetzes auch für Bayern aner-

---

[250] Adenauer, Erinnerungen 1945-1953, S. 153.
[251] Vgl. Fromme, Von der Weimarer Reichsverfassung zum Bonner Grundgesetz, S. 5ff. m. w. N.; Tatsächlich wurde die Weimarer Reichsverfassung niemals formell aufgehoben. Allerdings hat sie laut ständiger Rechtsprechung des BVerfG ihren Rang als formelles Verfassungsrecht durch die Staatspraxis seit dem 30. Januar 1933 ein (vgl. BVerfGE 2, 237, [248ff.]; 6, 209, [331f.]; 6, 389, [414]).
[252] Vgl. Winkler, Der lange Weg nach Westen II, S. 134.
[253] Vgl. Otto, Das Staatsverständnis des Parlamentarischen Rates, S. 120f.
[254] Vgl. Feldkamp, Der Parlamentarische Rat 1948-1949, S. 148ff.
[255] Vgl. ebda., S. 178.
[256] Vgl. ebda., S. 178ff.

kannt werde[257]. Am 23. Mai 1949 wurde das Grundgesetz vom Parlamentarischen Rat in einer feierlichen Schlusssitzung in Kraft gesetzt. Es trat gem. Art. 144 Abs. 2 GG mit dem Ablauf des Tages der Verkündung, am 23. Mai 1949 um 24:00 Uhr in Kraft[258].

3.2 Weimarer Reichsverfassung und Bonner Grundgesetz

Bereits die Sachverständigen des Herrenchiemseer Verfassungskonventes sahen in der Weimarer Reichsverfassung, insbesondere in deren rechtstechnischen Mängeln, eine wesentliche Ursache für die Entstehung der nationalsozialistischen Diktatur[259]. Auch der Parlamentarische Rat nahm zur Weimarer Reichsverfassung eine kritische Haltung ein und kritisierte deren Neutralität gegenüber ihren Feinden[260]. Das äußerlich legale Hinübergleiten des deutschen Verfassungszustandes in die totalitäre Diktatur machte ihre bloße Reanimierung in seinen Augen unmöglich[261]. Die Distanzierung zur Weimarer Reichsverfassung äußerte sich dabei weniger in grundsätzlichen Stellungnahmen des Parlamentarischen Rates, als vielmehr in den konkreten Bestimmungen des Grundgesetzes, die den Schluss nahe legen, dass sie in einem gewollten Gegensatz zu den entsprechenden Regelungen der WRV stünden[262]. Das Ergebnis war eine „Antiverfassung"[263] zur WRV, die es nicht nur bei der Symptombekämpfung durch die Einfügung von Instituten zur Sicherung der Verfassung beließ, sondern als Ergebnis der Ursachenbekämpfung vielmehr sich deren strukturellen Schwächen in der Staatsorganisation annahm und einer Generalrevision unterzog[264]: Entstanden ist im Grundrechts- wie im Staatsorganisationsteil eine „Verfassung der noch einmal Davongekommenen"[265], die unter dem Eindruck beispiellosen Unrechts und Terrors im deutschen Namen alles daran setzte, die Fehler der Weimarer Reichsverfassung nicht zu wiederholen und sie

---

[257] Vgl. Maurer, Staatsrecht I, S. 84.
[258] Vgl. Stern, Staatsrecht V, S. 1314; Für 24.Mai 1949, 0:00h plädieren: Jarras, in: Jarras/Pieroth , GG, Art. 145, Rdnr. 2, Maunz, in: Maunz/Dürig, Grundgesetz, Art. 145, Rdnr. 4. Unentschlossen, da beide Termine nennend: BVerfGE 4, 331 (341).
[259] Vgl. Otto, Das Staatsverständnis des Parlamentarischen Rates, S. 36.
[260] Vgl. Kröger, Einführung in die Verfassungsgeschichte der Bundesrepublik Deutschland, S. 24.
[261] Fromme, Von der Weimarer Reichsverfassung zum Bonner Grundgesetz, S. 9.
[262] Vgl. ebda.
[263] Ebda., S. 11.
[264] Vgl. Adenauer, Erinnerungen 1945-1953, S. 153.
[265] Hufen, Staatsrecht II, S. 29.

deshalb mit umfangreichen Sicherungen gegen Missbrauch und Funktionsversagen des politischen Systems ausstattete[266].

3.2.1 Entscheidung für den materialen Rechtsstaat

Unter dem Eindruck der nationalsozialistischen Terror- und Unrechtsakte bestand unter den Abgeordneten des Parlamentarischen Rates Einigkeit, dass der westdeutsche Teilstaat ein materialer Rechtsstaat werden müsse[267]. Das Bonner Grundgesetz stellt somit eine klare Absage an den Rechtspositivismus der Weimarer Staatsrechtslehre dar, dem eine wesentliche Ursache für die Entstehung der nationalsozialistischen Diktatur zugeschrieben wurde. Der Abgeordnete Adolf Süsterhenn (CDU) fasste die Haltung des Parlamentarischen Rates wie folgt zusammen: „Der Staat kann nur dann nicht Selbstzweck sein, wenn wir uns endgültig vom Geiste des Rechtspositivismus abwenden, wonach der in ordnungsgemäßer Form zustande gekommene staatliche Gesetzesbefehl immer Recht schafft ohne Rücksicht auf seinen sittlichen Inhalt"[268]. Die fomaljuristische Handhabung der Weimarer Reichsverfassung sollte sich nicht wiederholen, Macht durfte nicht noch einmal vor Recht gehen[269].

Die verfassungsrechtlichen Grundentscheidungen wurden deshalb im Grundgesetz ausdrücklich aufgeführt. Art. 1 GG und Art 20 GG bilden zusammen das „normative Kernstück der Verfassungsordnung"[270]. Art. 1 Abs. 1 GG enthält die maßgebliche Weichenstellung im Verhältnis zwischen Staat und Bürger, indem er die Würde und den Eigenwert des Menschen betont und die gesamte Staatsgewalt zur Achtung und zum Schutz der Menschenwürde verpflichtet. Der Grundsatz der Menschenwürde war für den Parlamentarischen Rat „der eigentliche Schlüssel für das Ganze"[271] und kann deshalb als das „oberste Konstitutionsprinzip"[272] des Grundgesetzes bezeichnet werden[273].

---

[266] Vgl. ebda.
[267] Vgl. Schmid, Erinnerungen, S. 373.
[268] Abg. Dr. Süsterhenn (CDU), Zweite Sitzung des Plenums vom 8.September 1948, abgedruckt in: Der Parlamentarischer Rat 1948-1949, Bd. 9, S.55 (Nr. 2).
[269] Vgl. Köhler, Einführung in die Verfassungsgeschichte der Bundesrepublik Deutschland, S. 25.
[270] Badura, Staatsrecht, S. 269.
[271] Abg. Dr. Schmid (SPD), Vierte Sitzung des Ausschusses für Grundsatzfragen vom 23. September 1948, abgedruckt in: Der Parlamentarische Rat 1948-1949, Bd. 5/I, S. 64 (Nr. 5).
[272] Dürig, in: Maunz/Dürig, Grundgesetz, Art. 1 Abs. 1, Rdnr. 4 (Stand 1958).
[273] Freilich ist damit noch nicht gesagt, was eigentlich unter der Menschenwürde zu verstehen ist. Selbst dem Parlamentarischen Rat scheiterte an dem Problem, den Schutzbereich von Art. 1 Abs. 1 GG klar zu bestimmen. Theodor Heuss sah hierin eine „nicht interpretierte These" (Vgl. Abg. Dr. Heuss, Vierte

In Art. 20 Abs. 1 -3 GG werden die verfassungsrechtlichen Grundentscheidungen für den Aufbau und für die Tätigkeit des Staates explizit formuliert. Mit den dort niedergelegten Strukturprinzipien des Staates – Republik, repräsentative, parlamentarische Demokratie, Rechtsstaat, Sozialstaat und Bundesstaat – wurde der „Charakter der Bundesrepublik Deutschland"[274] normiert. Verfassungsgeschichtlich betrachtet stellt Art. 20 aufgrund seiner konzentrierten Zusammenfassung der identitätstiftenden Staatsprinzipien ein Novum dar und geht weit über Art. 1 WRV hinaus, der lediglich den demokratischen Grundsatz der Volkssouveränität enthielt[275].

Die Absage an den Rechtspositivismus der Weimarer Republik findet ihren deutlichsten Niederschlag in Art 20 Abs. 3 GG, der die Gesetzgebung ausdrücklich an die verfassungsmäßige Ordnung, die vollziehende Gewalt und die Rechtsprechung an Gesetz und Recht bindet[276]. Neben das positive Recht, das Gesetz, trat nun das überpositive Recht, das vorstaatliche Naturrecht, das ein Auseinanderklaffen von Gesetz und Gerechtigkeit verhindern sollte[277]. Bestand für den Rechtspositivismus keine Diskrepanz zwischen Recht und Gesetz, setzte der Parlamentarische Rat bewusst Gesetz und Recht in ein Spannungsverhältnis. Die Gesetzesform allein sollte von nun an keine Bindungskraft gegenüber den Staatsorganen mehr entfalten, die Legalität eines Gesetzes nicht länger seine Legitimität bedingen - gesetzliches Unrecht sollte vielmehr auch Unrecht bleiben[278]: „Mit dem von ARA vorgeschlagenen Formel der Bindung an ‚Gesetz und Recht' greift das GG auf eine schon früher in ihrer Bedeutung umstrittene Formulierung zurück. Dabei ist mit ‚Recht' zumal die Idee der Gerechtigkeit angesprochen, der sich das ‚Gesetz' im NS-Staat und jedenfalls in der Praxis vor allem des Grenzregimes der

---

Sitzung des Ausschusses für Grundsatzfragen vom 23. September 1948, abgedruckt in: Der Parlamentarische Rat 1948-1949, Bd. 5/I, S. 72 [Nr. 5]). Auch die Rechtswissenschaft tut sich schwer mit einer positiven Definition des Schutzbereiches und greift wie auch das BVerfG auf eine Negativdefinition zurück, die vom konkreten Eingriff in den Schutzbereich des Grundrechts ausgeht und damit eine fallweise Konkretisierung vornimmt. Ein Eingriff in die Menschenwürde liegt nach ganz h. M. dann vor, wenn der Mensch zum bloßen Objekt staatlicher Willkür gemacht wird: „Die Menschenwürde ist getroffen, wenn der konkrete Mensch zum Objekt, zu einem bloßen Mittel, zur vertretbaren Größe herabgewürdigt wird. Am besten zeigt vielleicht der entsetzlich an technische Vorstellungen angelehnte Wortschatz unserer materialistischen Zeit, worum es in Art. 1 I geht. Es geht um die Degradierung des Menschen zum Ding, das total ‚erfaßt', ‚abgeschossen', ‚registriert', ‚liquidiert', ‚im Gehirn gewaschen', ‚ersetzt', ‚eingesetzt' und ‚ausgesetzt' (d. h. vertrieben) werden kann" (Dürig, in: Maunz/Dürig, Grund-gesetz, Art. 1 Abs. 1, Rdnr. 28 [Stand 1958]).

[274] Herzog, in: Maunz/Dürig, Grundgesetz, Art. 20 (im Gefüge des GG), Rdnr. 9 (Stand 1978); Zu den einzelnen Strukturmerkmalen: Vgl. Maurer, Staatsrecht I, S. 165ff.
[275] Vgl. Dreier, in: Dreier, Grundgesetz, Bd. 2, Art. 20 (Einführung), Rdnr. 1.
[276] Vgl. Kröger, Einführung in die Verfassungsgeschichte der Bundesrepublik Deutschland, S. 25.
[277] Vgl. Schulze-Fielitz, in: Dreier, Grundgesetz, Bd. 2, Art. 20, Rdnr. 94.
[278] Vgl. Ipsen, Staatsrecht I, S. 253.

DDR entfremdet hatte. Im GG erscheinen beide miteinander versöhnt, weil es selbst die zentralen Gerechtigkeitsanforderungen für das Gesetz verbindlich macht"[279].

Einigkeit unter den Abgeordneten des Parlamentarischen Rates bestand auch in der Wiederherstellung der durch das Ermächtigungsgesetz vom 24. März 1933 faktisch aufgehobenen Gewaltenteilung. Bereits der Verfassungskonvent auf Herrenchiemsee hatte sich dafür pointiert ausgesprochen: „Die Freiheit der Person ist nur in einem Staate voll und dauerhaft gewährleistet, der auf dem Prinzip der Teilung und des Gleichgewichtes der Gewalten aufgebaut ist"[280]. Der Parlamentarische Rat maß ihr die gleiche Bedeutung bei und sah in ihr die conditio sine qua non für einen demokratisch organisierten Staat: „Die recht verstandene Demokratie ist auf einem Balancesystem aufgebaut. Sie beruht, wie schon wiederholt ausgeführt wurde, auf dem System der Gewaltenteilung im Sinne Montesquieus. Diese erkennen wir prinzipiell an, ohne aber einer rigorosen oder doktrinären Durchführung das Wort reden zu wollen. Gesetzgebung, Verwaltung und Rechtsprechung haben bei grundsätzlich gleichgeordneten, voneinander unabhängigen Organen zu liegen. Das Übergewicht eines Organs setzt die ganze Demokratie aufs Spiel, bringt sie in die Gefahr eines Abgleitens in die Diktatur. Nur durch diese Selbstbeschränkung der Gewalten kann auf die Dauer das demokratische System wirklich funktionieren"[281].

Die Gewaltenteilung wurde deshalb nicht nur vom Parlamentarischen Rat in Art 20 Abs. 2 GG aufgenommen, sondern auch zusätzlich durch die in Art. 97 GG garantierte Unabhängigkeit der Justiz abgesichert: „Der Parlamentarische Rat verstand das Gewaltenteilungsprinzip rein formal und schematisch und spitzte das Problem der Zuordnung voneinander unabhängiger Gewalten vor allem auf die Frage der Autonomie der rechtsprechenden Gewalt zu. Daraus erklärt sich die große Bedeutung, die der Parlamentarische Rat dem Bundesverfassungsgericht als ‚Hüter der Verfassung' und höchstem Organ der dritten Gewalt zuwies"[282].

---

[279] Sachs, in: Sachs, Grundgesetz, Art.20, Rdnr. 103.
[280] Art. 8 HChE, Bericht des Verfassungskonvent, abgedruckt in: Der Parlamentarische Rat, Bd. 2, S. 524 (Nr. 14).
[281] Abg. Dr. Schwalber (CSU), Dritte Sitzung des Plenums vom 9. September 1948, abgedruckt in: Der Parlamentarische Rat, Bd. 9, S. 93 (Nr. 3).
[282] Köhler, Einführung in die Verfassungsgeschichte der Bundesrepublik Deutschland, S. 27.

Über den Umfang der Zuständigkeiten des Bundesverfassungsgerichtes gab es keine größeren Auseinandersetzungen im Parlamentarischen Rat[283]. Wie die Mitglieder des Herrenchiemseer Verfassungskonventes waren sich die Abgeordneten des Parlamentarischen Rates darüber einig, ein Verfassungsgericht einzurichten, das eine deutlich stärkere Stellung im Verfassungsgefüge einnehmen solle als der Staatsgerichtshof der Weimarer Republik[284]. Im Gegensatz zur Weimarer Verfassungsgerichtsbarkeit, die sich auf Teilbereiche des Verfassungsrechts wie Streitigkeiten zwischen dem Reich und den Ländern, landesinterne Verfassungsstreitigkeiten und Ministeranklagen beschränkte, schuf der Parlamentarische Rat mit dem Bundesverfassungsgericht nunmehr eine umfassende Verfassungsgerichtsbarkeit im Rang eines Verfassungsorgans[285]: Art 92 Abs. 1 GG weist dem Bundesverfassungsgericht die Kompetenz zu, verbindlich über bundesstaatliche Streitigkeiten, Organstreitigkeiten, über die Vereinbarkeit von Bundes- oder Landesrecht mit dem Grundgesetz (Normenkontrolle) und über die Verfassungswidrigkeit von politischen Parteien zu entscheiden. Art. 61 GG weist dem Gericht zudem die Entscheidung über die Präsidentenanklage zu.

Die Sicherung der Gewaltenteilung findet zudem in vielen Detailregelungen des Grundgesetzes ihren Niederschlag. In den Beratungen des Parlamentarischen Rates zu den einzelnen Bestimmungen war vor allem das Ermächtigungsgesetz vom 24. März 1933 negatives Vorbild: „Sicherung der Gewaltenteilung hieß daher für den PR konkret Verhinderung von Ermächtigungsgesetzen"[286]. Ein direktes Verbot von Ermächtigungsgesetzen wurde zwar zeitweilig erwogen, jedoch in vierter Lesung des Hauptausschusses ohne weitere Begründung gestrichen[287]. An seine Stelle trat mit Art. 80 GG eine Bestimmung, die Ermächtigungen nur in begrenzter Form und in begrenztem Umfang zulässt. Denn Art. 80 GG ermächtigt die Bundesregierung, einen Bundesminister oder die Landesregierungen lediglich aufgrund eines Gesetzes, das Inhalt, Zweck und Ausmaß der erteilten Ermächtigung enthalten muss, zum Erlass von Rechtsverordnungen. Die maßgeblichen Entscheidungen werden somit vom Gesetzgeber selbst getroffen, die Delegation ist inhaltlich und in der Rechtsqualität begrenzt[288]. Eine Selbstentmachtung

---

[283] Vgl. Feldkamp, Der Parlamentarische Rat, S. 75.
[284] Vgl. Otto, Das Staatsverständnis des Parlamentarischen Rates, S. 98.
[285] Vgl. Maurer, Staatsrecht I, S. 627.
[286] Fromme, Von der Weimarer Reichsverfassung zum Bonner Grundgesetz, S. 191.
[287] Vgl. ebda.
[288] Vgl. Lücke/Mann, in: Sachs, Grundgesetz, Art. 80, Rn. 3.

des Gesetzgebers wie im Falle des Ermächtigungsgesetzes durch eine umfassende Übertragung von Rechtsetzungsbefugnissen wäre von Art. 80 GG nicht gedeckt und damit verfassungswidrig[289].

Eine weitere Veränderung gegenüber der Weimarer Reichsverfassung stellt Art. 81 GG dar, der einen Ausgleich zwischen dem Gebot effektiver Regierungsarbeit und Wahrung der Gewaltenteilung im Falle der Arbeitsunfähigkeit des Parlaments zu erreichen versucht. Die Weimarer Reichsverfassung wies in diesem Fall dem Reichspräsidenten eine Reservefunktion zu und ließ ihn über das in Art. 48 Abs. 2 WRV geregelte Notverordnungsrecht an die Stelle des Reichstages treten, um einem Gesetzgebungsnotstand zu begegnen. Trotz des in der Spätphase der Weimarer Republik aufgetretenen Missbrauchs der Diktaturgewalt des Reichspräsidenten, war der Herrenchiemseer Verfassungskonvent interessanterweise zu einer völligen Neuordnung des Gesetzgebungsnotstandes im Falle einer Funktionsstörung des Parlaments nicht bereit: Die in Art. 111 HChE vorgeschlagene Regelung lässt deutlich die Vorbildfunktion von Art. 48 Abs. 2 WRV erkennen. Denn obwohl der Konvent selbst von einer bewussten Abweichung von Art. 48 Abs. 2 WRV sprach[290], war auch in Art. 111 Abs. 3 HChE die Möglichkeit der Suspendierung von Grundrechten auf dem Verordnungswege vorgesehen. An die Stelle des Reichspräsidenten trat lediglich die Bundesregierung. Auch wenn deren umfassendes Notverordnungsrecht im Krisenfall durch die Zustimmungsbedürftigkeit des Bundesrates begrenzt werden und die Fortgeltung der erlassenen Notverordnungen von der nachträglichen Bestätigung durch den Bundestag innerhalb einer Frist von vier Wochen abhängig gemacht werden sollte, konnte somit von einer bewussten Abkehr von der Weimarer Praxis keine Rede sein. Im Krisenfall wäre die Bundesregierung in eine dem Reichspräsidenten vergleichbare Position gerückt, ein substantieller Neubeginn war von den Mitgliedern des Verfassungskonvents offensichtlich nicht vorgesehen. Lediglich das Staatsoberhaupt wäre in diesem Falle nicht beteiligt gewesen, an der faktischen Außerkraftsetzung der Gewaltenteilung und der bedenklichen Praxis der Grundrechtssuspendierung durch die Exekutive hätte sich jedoch wenig geändert[291].

---

[289] Vgl. Sannwald, in: Schmidt-Bleibtreu/ Hofmann/Hopfauf, Grundgesetz, Art. 80, Rn. 23ff.
[290] Vgl. Verfassungsausschuß der Ministerpräsidenten der westlichen Besatzungszonen, Bericht über den Verfassungskonvent, B) Darstellender Teil, Neuntes Kapitel: Die Gesetzgebung, Notstandsrecht, abgedruckt in, Der Parlamentarische Rat, Bd. 2, S. 559f. (Nr. 14).
[291] Vgl. Stettner, in: Dreier, Grundgesetz, Bd. 2, Art. 81, Rdnr. 1.

Der Parlamentarische Rat war nicht bereit dem Verfassungskonvent zu folgen und entschied sich vielmehr für eine umfassende Neuordnung des Gesetzgebungsnotstandes, der eine deutliche Abkehr von Art. 48 Abs. 2 WRV darstellt und eine Wiederholung der Staatspraxis der Jahre 1930 bis 1933 unmöglich machen soll[292]. Denn die Handhabung des Gesetzgebungsnotstandes gem. Art. 81 GG unterliegt erheblichen Vorbehalten: Neben dem Bundespräsidenten und der Bundesregierung wurde der Bundesrat am Gesetzgebungsnotstand beteiligt und damit ein Staatsorgan, das der Legislative zugehörig ist, bewusst kontrollierend ins Spiel gebracht. Die Hürden für die Ausrufung des Gesetzgebungsnotstandes liegen mit den in Art. 81 Abs. 1 S. 1 GG genannten Voraussetzungen denkbar hoch. Damit der Bundespräsident auf Antrag der Bundesregierung mit Zustimmung des Bundesrates den Gesetzgebungsnotstand ausrufen kann, müssen kumulativ folgende Voraussetzungen vorliegen: Der Bundeskanzler muss sich einer Vertrauensabstimmung nach Art. 68 Abs. 1 S. 1 GG unterzogen haben und die Vertrauensfrage muss gescheitert sein, der Bundeskanzler darf des weiteren nicht durch Rücktritt oder konstruktives Misstrauensvotum nach Art. 67 GG aus dem Amt geschieden, sondern muss weiter amtierender Kanzler sein, der Bundestag darf nicht nach Art. 68 Abs. 1 S. 1 GG aufgelöst worden und die Gesetzesvorlage muss im Bundestag abgelehnt worden sein, obwohl die Bundesregierung sie gem. Art. 81 Abs. 1 S. 1 GG für dringlich erklärt hat. Zudem muss der Bundesrat dem Antrag der Bundesregierung zustimmen. Erst danach ist der Bundespräsident gem. Art. 81 Abs. 1 S. 1 GG berechtigt, den Gesetzgebungsnotstand förmlich zu erklären[293].

Auch nach Erklärung des Gesetzgebungsnotstandes ist die Macht der Regierung allerdings begrenzt. Nur gemeinsam mit Bundespräsident und Bundesrat bildet sie eine „Legalitätsreserve"[294] im Falle einer schweren Funktionsstörung des Parlaments. Die Weimarer Situation nach 1930, das eine Präsidialregierung mit Notverordnungen am Parlament vorbeiregiert, kann somit nicht eintreten. Denn die für dringlich erklärte Gesetzesvorlage kann zwar ohne den entsprechenden Gesetzesbeschluss Gesetzeskraft erlangen, jedoch wurden auch hier vom Parlamentarischen Rat hohe Barrieren errichtet.

---

[292] Vgl. Abg. Dr. von Brentano (CDU), 24. Sitzung des Ausschusses für Organisation des Bundes, abgedruckt in: Der Parlamentarische Rat 1948-1949, Bd. 13/II, S. 848f. (Nr. 33).
[293] Die Entscheidung hierüber liegt im politischen Ermessen des Bundespräsidenten, die Zustimmung des Bundesrates wirkt sich für ihn nicht als Verpflichtung aus, den Gesetzgebungsnotstand ausrufen zu müssen (vgl. Herzog, in: Maunz/Dürig, Grundgesetz, Art. 81, Rdnr. 51 m. w. N.).
[294] Stern, Staatsrecht II, S. 1373.

Gesetzeskraft erlangt die Gesetzesvorlage nach Art. 81 Abs. 2 GG nämlich nur dann, wenn die inhaltlich unveränderte Gesetzesvorlage erneut im Bundestag eingebracht wird, der Bundestag erneut die Gesetzesvorlage ablehnt bzw. sie in einer für die Bundesregierung als nicht annehmbar bezeichneten Fassung annimmt oder sich nicht innerhalb von vier Wochen nach der erneuten Einbringung mit ihr befasst und schließlich der Bundesrat der Gesetzesvorlage gem. Art. 81 Abs. 2 S. 1 GG zustimmt[295].

Eine weitere Begrenzung enthält Art. 81 Abs. 3 GG. Denn ist der Gesetzgebungsnotstand einmal erklärt, kann er zwar für jede beliebige Zahl anderer Gesetzesvorlagen ohne erneute Vertrauensabstimmung nach Art. 68 GG in Anspruch genommen werden, doch ist seine Dauer auf sechs Monate begrenzt. Eine erneute Erklärung während der der Amtszeit desselben Bundeskanzlers kann nicht mehr erfolgen und somit auch kein weiteres Gesetz nach diesem Verfahren verabschiedet werden. Die Befugnisse zur Notstandsgesetzgebung enden entweder nach Fristablauf oder durch die Wahl eines neuen Bundeskanzlers oder mit dem Zusammentritt eines neuen Bundestages[296]. Auch im Falle, dass der Bundestag dem Bundeskanzler das Vertrauen ausspricht, wird der Gesetzgebungsnotstand hinfällig[297]. Eine absolute materielle Schranke stellt Art. 81 Abs. 4 GG dar: Ein Verfassungsänderung im Wege des Gesetzgebungsnotstandes ist durch diese Bestimmung nicht möglich[298]: „Der PR bemühte sich, aus den Erfahrungen der Vergangenheit lernend, die Voraussetzungen der im Fall der Unfähigkeit des Parlaments zur Gesetzgebung unvermeidlichen subsidiären Diktatur hinreichend eng zu formulieren. Die zahlreichen Kontrollen der Krisendiktatur sollten ein übriges tun, daß bei einem Minimum an gutem Willen auf Parlamentsseite der Gesetzgebungsnotstand

---

[295] Der Bundesrat kann der Gesetzesvorlage nur als Ganzes zustimmen und nicht nur einigen Teilen der Vorlage (vgl. Pieroth, in: Jarras/Pieroth, Grundgesetz, Art. 81, Rn. 4). Allerdings kann nach h. M. ein verfassungsrechtlich nicht vorgesehenes, jedoch auch nicht als verboten angesehenes ad-hoc-Vermittlungsverfahren Veränderungen bewirken, wobei auch hier die Grenzen zu beachten sind, die Art. 77 Abs. 2 GG einem Vermittlungsverfahren setzt. Allerdings muss die abgeänderte Vorlage dann ebenfalls wieder im Bundestag eingebracht werden, wobei dieser wiederum nur zustimmen oder ablehnen kann (vgl. Stern, Staatsrecht II, S. 1383).
[296] Offen jedoch bleibt, was nach Ablauf der Frist zu geschehen hat, wenn die Arbeitsunfähigkeit des Parlamentes andauert. Hesse sieht als einzige Lösung die sofortige Auflösung des Bundestages und die Ausschreibung von Neuwahlen und bezweifelt damit den Sinn des Art. 81 überhaupt: „Das einzige, was sich mit Art. 81 GG erreichen läßt, ist also eine Verlängerung der politischen Krise, gegen deren Folge er sichern soll. Mittel einer wirksamen Abhilfe enthält es nicht." (Hesse, Grundzüge des Verfassungsrechts der Bundesrepublik Deutschland, S. 288).
[297] Vgl. Sannwald, in: Schmidt-Bleibtreu/Hofmann/Hopfauf, Art.81, Rn. 31ff.
[298] Nach Art. 81 GG zustande gekommene Gesetze sind Gesetze im formelle Sinne, die vollgültig sind und in ihrer Geltungskraft und Geltungsdauer sich nicht von dem im Verfahren nach Art. 76ff. GG unterscheiden, damit aber auch der konkreten Normenkontrolle nach Art. 100 Abs 1 GG durch das Bundesverfassungsgericht unterliegen (vgl. Lücke/Mann, in: Sachs, Grundgesetz, Art. 81, Rn. 11).

bei einem Minimum an innerer Bindung der Regierung an Demokratie und Parlamentarismus nicht zur Diktatur verführt"[299].

Seine konkrete Entfaltung für den einzelnen Bürger zeitigt der materiale Rechtsstaat des Grundgesetzes in der Neukonzeption der Grundrechte, deren zentrale Bedeutung für die Verfassungsordnung der Bundesrepublik Deutschland schon durch ihre Stellung im Grundgesetz bewusst zum Ausdruck gebracht wurde. Wurden sie in der Weimarer Reichsverfassung erst im zweiten Hauptteil und damit nach den Regelungen der Staatsorganisation dargestellt, rückten sie nun an die Spitze der Verfassung: „Dieser Aufbau ist kein Zufall, sondern ‚Programm'. Der Verfassungsgeber von 1949 wollte die Grundrechte bewusst an die Spitze des GG setzen – in der WRV und in den meisten der vor 1949 entstanden Landesverfassungen war es noch umgekehrt. Bereits darin kommt die Entscheidung zum anthropozentrischen [...] Staat zum Ausdruck, die im Vorentwurf des Art. 1 (Herrenchiemsee) noch viel deutlicher ausgeprägt war: 'Der Staat ist um des Menschen willen da, nicht der Mensch um des Staates willen'"[300]. Waren viele Grundrechte der Weimarer Reichsverfassung Programmsätze eines Gesellschaftsentwurfs, die durch formal legales Gesetz abänderbar waren[301], wurden sie nun gem. Art. 1 Abs. 3 GG zwingendes, für alle Bereiche der Staatsgewalt unmittelbar geltendes und vor allem gegen sie durchsetzbares Recht[302]. Verstärkt wurde der Grundrechtsschutz noch durch die Unantastbarkeit des Wesensgehalts in Art. 19 Abs. 2 GG und die Klarstellung des Rechtsschutzes bei hoheitlichen Eingriffen in Art. 19 Abs. 4 GG[303].

Viele Einzelgrundrechte des Grundgesetzes sind nach Theodor Heuss als bewusste Reaktion des Parlamentarischen Rates auf die NS-Zeit zu verstehen: „Wir haben eine ganze Reihe von Bestimmungen, die nur als eine als notwendig empfundene Antwort

---

[299] Fromme, Von der Weimarer Reichsregierung zum Bonner Grundgesetz, S. 130.
[300] Hufen, Staatsrecht II, S.4f.
[301] Vgl. Huber, Verfassungsgeschichte VI, S. 94ff.m. w. N.; Zum Grundrechtsschutz der WRV: Anschütz, Die Verfassung des Deutschen Reiches vom 11. August 1919, Grundrechte und Grundpflichten der Deutschen, S. 511ff.
[302] Vgl. Jarras, in: Jarras/Pieroth, GG, Art. 1., Rdnr. 13ff.; Die Durchsetzungskraft der Grundrechte wurde durch das 1951 zunächst im BVerfGG normierte Institut der Verfassungsbeschwerde, das bereits vom Herrenchiemseer Verfassungskonvent vorgeschlagen wurde, erst 1969 in Art. 93 Abs 1 Nr. 4a GG verankert. Damit wurde eine weitere Schwäche der WRV, die keine Verfassungsbeschwerde kannte, beseitigt. Der PR lehnte allerdings die Verfassungsbeschwerde ab, da die in Art 19 Abs. 4 GG normierte Rechtsschutzgarantie ausreichend sei und zudem die Gefahr des Missbrauchs bestehe (vgl. Wieland, in: Dreier, Grundgesetz, Bd. 3, Art. 93, Rdnr. 72ff.).
[303] Vgl. Sachs, Grundgesetz, Art. 19, Rdnr. 40ff; Eingehend zum Begriff des Wesensgehalt: BVerfGE 61, 82 (113).

auf das Erleben dieser letzten Zeit zu verstehen sind"[304]. Der Schutz des Einzelnen vor der Willkür der Staatsgewalt sollte deshalb durch einklagbare Rechte gesichert werden: „Der Staat soll nicht alles tun können, was ihm gerade bequem ist, wenn er nur einen willfährigen Gesetzgeber findet, sondern der Mensch soll Rechte haben, über die auch der Staat nicht soll verfügen können. Die Grundrechte müssen das Grundgesetz regieren; sie dürfen nicht nur ein Anhängsel des Grundgesetzes sein, wie der Grundrechtskatalog von Weimar ein Anhängsel der Verfassung gewesen ist. Diese Grundrechte sollen nicht bloße Deklamation, Deklarationen oder Direktiven sein, nicht nur Anforderungen an die Länderverfassungen, nicht nur Garantie der Ländergrundrechte, sondern unmittelbar geltendes Bundesrecht, auf Grund dessen jeder einzelne Deutsche, jeder einzelne Bewohner unseres Landes vor den Gerichten soll Klage erheben können"[305].

Insbesondere die Art. 1, 2, 3 und 5 GG sind als direkte Antwort des Parlamentarischen Rates auf die NS-Zeit zu verstehen. Um die Formulierung von Art. 1 Abs. 1 GG wurde im Parlamentarischen Rat intensiv gerungen, Einigkeit herrschte jedoch in der Zielsetzung. Mit dem Schutz der Menschenwürde sollte das nationalsozialistische Regime überwunden werden, dessen Kennzeichen die totalitäre Inanspruchnahme des Einzelnen war[306]. Schutzhaft, willkürliche Polizeimaßnahmen, rechtsgrundlose Verhaftungen, Erschießungen und Deportationen sollten sich nicht wiederholen dürfen. Mit Art. 1 Abs. 1 GG sollte, wie es bereits der Herrenchiemseer Verfassungskonvent forderte, eine Bestimmung an die Spitze der Verfassung gestellt werden, „welche die grundverschiedene Auffassung eines freiheitlich-demokratischen Staates gegenüber der des totalitären Diktaturstaates der jüngsten Vergangenheit in aller Schärfe hervorhebt"[307]. Art 2 Abs. 2 GG, der ein Recht auf Leben und körperliche Unversehrtheit normiert, das in der Weimarer Reichsverfassung nicht enthalten war, wurde vom Parlamentarischen Rat als Schutzvorschrift gegen Euthanasie und Zwangssterilisation „wie wir sie aus der Nazizeit her kennen"[308] konzipiert und sollte eine Wiederholung ausschließen[309]. Die Absage an die nationalsozialistische Rassendiskriminierung und deren Ablehnung der

---

[304] zit. nach: Fromme, Von der Weimarer Reichsverfassung zum Bonner Grundgesetz, S. 197 m. w. N.
[305] Abg. Dr. Schmid (SPD), Zweite Sitzung des Plenums vom 8. September 1948, abgedruckt in: Der Parlamentarische Rat 1948-1949, Bd. 9, S. 37 (Nr. 2).
[306] Vgl. Dreier, in Dreier, Grundgesetz, Art. 1, Rdnr. 22.
[307] Verfassungskonvent auf Herrenchiemsee, Bericht des Unterausschusses I, II) B. Formulierung der Grundrechte, Art. A, abgedruckt in: Der Parlamentarische Rat 1948-1949, Bd. 2, S. 217 (Nr. 6).
[308] Abg. Dr. von Mangoldt (CDU), Dreiundzwanzigste Sitzung des Ausschusses für Grundsatzfragen vom 19. November 1948, abgedruckt in: Der Parlamentarische Rat 1948-1949, Bd. 5/II, S. 605 (Nr. 30).
[309] Vgl. ebda.

Rechtsgleichheit zugunsten der Artgleichheit[310] fand ihren Niederschlag in Art. 3 GG, dessen dritter Absatz eine Differenzierung nach Rasse, Abstammung oder Glauben der Staatsgewalt untersagt[311]. Auch das in Art. 5 Abs. 1 GG festgeschriebene Recht, sich aus allgemein zugänglichen Quellen ungehindert zu unterrichten, ist unverkennbar „ein Reflex auf die nationalsozialistische Unterbindung der Einfuhr ausländischer Zeitungen, auf das Abhörverbot ausländischer Sender"[312].

Die in Art. 103 GG normierten sog. Justizgrundrechte schließlich stellen eine Antwort des Parlamentarischen Rates auf das das NS-Unrechtsregime dar, das die Strafbarkeit am „gesunden Volksempfinden" und am „Führerwillen" orientierte. Die in der Weimarer Republik lediglich als Verfahrensgrundsätze im einfachen Gesetzesrecht, insbesondere in der Strafprozessordnung, festgeschriebenen Verfahrensgrundsätze, „audiatur et altera pars" (Recht auf gerichtliches Gehör) und „ne bis in idem crimen judicetur" (Verbot der Doppelbestrafung) wurden in Art 103 Abs. 1 und 2 GG deshalb in Verfassungsrang erhoben[313]. Insbesondere Art. 103 Abs. 2 GG kann als direkte Antwort des Parlamentarischen Rates auf die Auswirkungen des Ermächtigungsgesetzes gesehen werden: Mit der sog. Lex van der Lubbe wurde, wie dargestellt, bereits wenige Tage nach Inkrafttreten des Ermächtigungsgesetzes durch Regierungsgesetz der in Art. 116 WRV festgeschriebene Grundsatz „nulla poena sine lege" aufgehoben. Der Parlamentarische Rat knüpfte bei der Formulierung von Art. 103 Abs. 2 GG an die Weimarer Reichsverfassung an und erhob diesen für den Rechtsstaat zentralen Verfahrensgrundsatz ausdrücklich wieder in Verfassungsrang[314].

---

[310] Vgl. Huber, Verfassungsrecht des großdeutschen Reiches, S. 153.
[311] Abg. Dr. Bergsträsser (SPD) schlug deshalb vor, einen ausdrücklichen Bezug auf die nationalsozialistische Vergangenheit mit in den Gesetzestext aufzunehmen: „Bei Satz 3 schien es uns richtig, noch einmal hervorzuheben, daß niemand seiner Abstammung, seiner Rasse, seines Glaubens, seiner religiösen oder politischen Anschauungen wegen benachteiligt oder bevorzugt werden dürfe, und zwar im Hinblick auf die Erfahrungen der Vergangenheit" (Abg. Dr. Bergsträsser [SPD], Sechste Sitzung des Ausschuß für Grundsatzfragen vom 5. Oktober 1948, abgedruckt in: Der Parlamentarische Rat 1948-1949, Bd. 5/I, S. 142 [Nr. 7]).
[312] Fromme, Von der Weimarer Reichsverfassung zum Bonner Grundgesetz, S. 198.
[313] Vgl. Hufen, Staatsrecht II, S. 334ff.
[314] Schulze-Fielitz, in: Dreier, Grundgesetz, Bd. 3, Art. 103 II, Rdnr. 2f.

3.2.2 Überwindung der strukturellen Schwächen der WRV

Wesentliche Veränderungen erfuhr auch das Staatsorganisationsrecht. Hier war die Weimarer Reichsverfassung vor allem negatives Vorbild. Insbesondere die Stellung des Reichspräsidenten wurde als eine wesentliche Ursache für die Etablierung der NS-Diktatur erkannt[315]. Es bestand deshalb im Parlamentarischen Rat Einigkeit, das Bundespräsidentenamt mit weniger Kompetenzen auszustatten und insbesondere auf eine Direktwahl des Staatsoberhauptes zu verzichten[316]. War der Weimarer Verfassungsgeber von tiefem Misstrauen gegenüber Parteien und Parlament geleitet bei der Ausgestaltung des Reichspräsidentenamtes[317], sah der Parlamentarische Rat gerade im gewichtigen Einfluss des Reichspräsidenten bei der Regierungsbildung eine strukturelle Schwäche der Weimarer Reichsverfassung: „Der PR sah die Präsidialregierung als eine Entartungserscheinung der parlamentarischen Demokratie an, und, was schwerer wog, als die institutionelle Voraussetzung für die Etablierung der Demokratie. Der PR faßte die Entwicklung der Endphase der Weimarer Republik intuitiv als eine zwangsläufige auf. Er erwog nicht die Möglichkeit, daß sich die NSDAP auch bei anderer Verfassungskonstruktion, dann eben auf andere Weise, hätte durchsetzen können, sondern er bemühte sich, eben den verfassungsrechtlichen Weg zur Diktatur zu verbauen, den diese in der Vergangenheit genommen hatte"[318].

Der Bundespräsident erhielt deshalb nur begrenzte Mitwirkungsmöglichkeiten bei der Regierungsbildung, die Reservefunktion des Reichspräsidenten, im Falle der Verfassungsstörung durch Versagen des parlamentarischen Systems Notverordnungen gem. Art. 48 Abs. 2 WRV zu erlassen, entfiel bewusst ganz[319]. Ernannte der Reichspräsident den Reichskanzler und auf dessen Vorschlag die Reichsminister ohne das es einer Bestätigung durch den Reichstag bedurft hätte[320], wurde nun das Parlament zuständig für die Bestellung der Regierung. Die Mitwirkung des Bundespräsidenten reduzierte sich auf ein Vorschlagsrecht gem. Art. 63 Abs. 1 GG. Der vom Parlament mit absoluter Mehrheit der Mitglieder Gewählte ist von ihm gem. Art. 63 Abs. 2 GG zum Bundes-

---

[315] Vgl. ebda., S. 71.
[316] Vgl. Otto, Das Staatsverständnis des Parlamentarischen Rates, S. 145.
[317] Vgl. Gusy, Die Weimarer Reichsverfassung, S. 99.
[318] Fromme, Von der Weimarer Reichsverfassung zum Bonner Grundgesetz, S. 75.
[319] Vgl. Verfassungskonvent auf Herrenchiemsee. Bericht des Unterausschusses III, III. Der Bundespräsident, abgedruckt in: Der Parlamentarische Rat 1948 – 1949, Bd. 2, S. 293 (Nr. 10).
[320] Vgl. Art. 41 WRV.

kanzler zu ernennen, die Möglichkeit, einen bestimmten Kandidaten durch Nichternennung zu verhindern, besteht für den Bundespräsidenten nicht[321]. Auch durch die Nichtabgabe eines Vorschlages kann er die Kanzlerwahl nicht verhindern oder verzögern, die Konsequenz ist nicht die Verhinderung der Wahl des Bundeskanzlers durch den Bundestag, sondern die Verwirkung seines Vorschlagsrechts und stellt kein Wahlhindernis dar[322]. Auch ist der Bundestag nicht an den Vorschlag des Bundespräsidenten gebunden[323]. Denn erreicht der Vorgeschlagene nicht die erforderliche Mehrheit der Stimmen, kann der Bundestag gem. Art. 63 Abs. 3 GG einen Anderen mit der Mehrheit der Stimmen der Mitglieder des Bundestages zum Bundeskanzler wählen ohne dass es hierzu eines neuerlichen Vorschlages des Bundespräsidenten bedürfte. Lediglich im Falle des Scheiterns der Wahl im Wege dieser beiden Wahlalternativen, kommt dem Bundespräsidenten eine gewisse Bedeutung bei der Bestellung des Bundeskanzlers zu. Art. 63 Abs 4 GG gibt ihm die Möglichkeit, einen nur mit relativer Mehrheit Gewählten binnen sieben Tagen entweder zum Bundeskanzler zu ernennen oder den Bundestag aufzulösen. Gemessen an der Möglichkeit des Reichspräsidenten, einen Reichskanzler auch gegen den ausdrücklichen Willen des Reichstages zu ernennen, oder ihn als Kanzler eines Präsidialkabinetts im Amt zu halten ist diese Kompetenz jedoch gering[324].

Auch die Mitwirkung des Bundespräsidenten bei der Gesetzgebung erfuhr eine deutliche Reduzierung. Konnte der Reichspräsident die Verabschiedung eines Gesetzes verzögern oder im Extremfall ganz verhindern durch das Abhalten eines Volksentscheides gem. Art. 73 Abs. 1 WRV, so kann der Bundespräsident lediglich ein formelles Prüfungsrecht geltend machen und aus diesem Grund die Ausfertigung und Verkündung eines Bundesgesetzes gem. Art. 82 Abs 1. GG verhindern. Die Möglichkeit, ein Gesetz zu verhindern, das ihm politisch unzweckmäßig oder sogar verfehlt erscheint, besteht für ihn jedoch nicht[325].

---

[321] Vgl. Badura, Staatsrecht, S. 503.
[322] Vgl. Herzog, in: Maunz/Dürig, Art. 63, Rdnr. 17.
[323] Vgl. Badura, Staatsrecht, S. 503.
[324] Vgl. Ipsen, Staatsrecht I, S. 154f.
[325] Vgl. Maurer, Staatsrecht I, S. 479. Die Kompetenz zur Prüfung der materiellen Verfassungsmäßigkeit eines Bundesgesetzes ist jedoch strittig. Ein Teil des Schrifttums gesteht ihm diese Kompetenz lediglich für den Fall zu, dass die Verfassungswidrigkeit evident ist (vgl. Degenhart, Staatsrecht I, S. 174ff. m. w. N.), ein anderer Teil vertritt die Ansicht, dass der Wortlaut von Art. 82 Abs 1 GG („Die nach den Vorschriften dieses Grundgesetzes zustande gekommenen Gesetze...") ihn auch hierzu berechtige (vgl. Ipsen, Staatsrecht I, S. 158f. m. w. N.).

Auch die eingeschränkte Möglichkeit den Bundestag auszulösen, bedeutet eine deutliche Machtreduzierung gegenüber den entsprechenden Kompetenzen des Reichspräsidenten: Konnte der Reichspräsident gem. Art 25 Abs. 1 WRV den Reichstag nach Gutdünken auflösen und setzte die Verfassung diesem Auflösungsrecht lediglich Grenzen mit der Einschränkung, den Reichstag nur einmal aus dem gleichen Anlass auflösen zu können, kennt das Grundgesetz neben der bereits erwähnten Auflösungsmöglichkeit nach Art. 63 Abs. 4 GG nur die vorzeitige Auflösung des Bundestages im Falle einer durch den Bundestag negativ beantworteten Vertrauensfrage des Bundeskanzlers gem. Art. 68 Abs 1 GG. Wie in Art. 63 Abs. 4 GG soll auch hier die Reservebefugnis des Bundespräsidenten lediglich dann greifen, wenn das parlamentarische Regierungssystem nicht mehr funktioniert[326]. Die letzte Entscheidung jedoch wird wiederum durch die Verpflichtung zur Abhaltung von Neuwahlen dem Souverän zugewiesen, das Ausweichen auf eine vom Vertrauen des Bundespräsidenten getragene Bundesregierung ist bewusst nicht möglich und genauso ausgeschlossen, wie ein Regieren mittels präsidentiellen Notverordnungsrecht[327].

Die Wahl des Bundespräsidenten war im Parlamentarischen Rat nicht unumstritten. Einigkeit bestand lediglich darin, dass eine Direktwahl des Bundespräsidenten ausscheidet und eine Wahl durch den Bundestag wegen der zu schmalen Legitimationsbasis ebenfalls abgelehnt wurde[328]. Ein Teil des Parlamentarischen Rates strebte eine Wahl durch Bundestag und Bundesrat an, konnte sich aber nicht durchsetzen, da eine freie Wahl durch die Weisungsgebundenheit der Mitglieder des Bundesrates ebenfalls Legitimationsprobleme aufwarf[329]. Die schließlich gefundene und in Art. 54 GG normierte Regelung sieht für die Wahl des Bundespräsidenten ein eigenes Staatsorgan vor. Die Bundesversammlung, deren Kompetenzen sich in der Wahl des Bundespräsidenten erschöpfen, besteht gem. Art 54 Abs. 3 GG aus den Mitgliedern des Bundestages und der gleichen Anzahl von Mitgliedern, die von den Volksvertretungen der Länder gewählt werden. Damit wurde ein Kompromiss zwischen Volkswahl und Wahl durch den

---

[326] Vgl. Maurer, Staatsrecht I, S. 483f.
[327] Vgl. Fromme, Von der Weimarer Reichsverfassung zum Bonner Grundgesetz, S. 56; Von ihrem Auflösungsrecht nach Art. 68 Abs. 1 S. 1 GG machten bisher lediglich zwei Bundespräsidenten gebrauch. Beide Entscheidungen waren Gegenstand eines Organstreitverfahrens vor dem BVerfG, das die Entscheidungen der Bundespräsidenten Carstens (1983) und Köhler (2005) jedoch bestätigte (vgl. BVerfGE 62, 1ff., BVerfGE 114, 121ff.).
[328] Vgl. Butzer, in: Schmidt-Bleibtreu/Hofmann/Hopfauf, Art. 56, Rdnr. 1f.
[329] Vgl. Maurer, Staatsrecht I, S. 475 m. w. N.

Bundestag gefunden, da einerseits dem Bundespräsidenten die stärkste mittelbare Legitimation verliehen wird, „da er von einem Organ gewählt wird, das die breiteste Absicherung durch unmittelbar vom Volk bestimmte Organe (Bundestag und Landtage) hat"[330], andererseits dem Bundespräsidenten bewusst eine geringere Legitimation als dem direkt vom Volk gewählten Bundestag verliehen wird, um eine erneute „doppelte Volkssouveränität"[331] zu vermeiden: „Das Weimarer Verfassungssystem beruhte auf zwei Säulen, nämlich dem vom Volk gewählten Reichstag und dem vom Volk gewählten Reichspräsidenten. Die Reichsregierung war beiden verantwortlich und von beiden abhängig. Der Reichspräsident konnte und durfte selbst Politik betreiben – im Einklang mit dem Parlament, aber auch gegen das Parlament. Das Grundgesetz verwirklicht dagegen konsequent das parlamentarische Regierungssystem. Die Bundesregierung geht aus dem Parlament hervor und ist nur ihm verantwortlich. Der Bundespräsident ist zur Repräsentation und Integration berufen und nimmt damit eine Aufgabe wahr, die gerade im pluralistischen Staat der Gegenwart unentbehrlich ist"[332].

Eine Aufwertung gegenüber der Weimarer Reichsverfassung erfuhren hingegen der Regierungschef und die Parteien. Wurden die politischen Parteien in der WRV nur ein einziges Mal und zudem negativ in Art 130 Abs. 1 S. 1 WRV erwähnt, nehmen sie nun eine zentrale Stellung im Verfassungsgefüge ein. Das Grundgesetz erkennt durch Art. 21 Abs 1 GG an, „daß die Parteien an der politischen Willensbildung des Volkes mitwirken, und hebt sie damit aus dem Bereich des Politisch-Soziologischen in den Rang einer verfassungsrechtlichen Institution"[333]. Aufgabe und Funktion des Parlaments wurden vom Parlamentarischen Rat als unproblematisch empfunden und schnell normiert[334].

Den Schwerpunkt der Beratungen bildete die Frage, wie ein stabiles Regierungssystem zu etablieren sei. Ihm wurde entscheidendes Gewicht für das Gelingen der neuen Staatlichkeit zugemessen[335]. Die künftige Bundesrepublik Deutschland sollte deshalb im Gegensatz zur Weimarer Republik von der Autorität einer starken demokratischen

---

[330] Stern, Staatsrecht II, S.202.
[331] Ipsen, Staatsrecht I, S. 154.
[332] Maurer, Staatsrecht I, S. 487.
[333] BVerfGE 2, 1 (73).
[334] Vgl. Otto, Das Staatsverständnis des Parlamentarischen Rates, S. 125ff.;
[335] Vgl. ebda., S.130ff.

Regierung getragen werden[336]. Interessanterweise gestaltete der Parlamentarische Rat die innere Struktur der Bundesregierung weitgehend in Anlehnung an die entsprechenden Regelungen der Weimarer Reichsverfassung, entschied sich also gegen ein reines Kanzlerprinzip und verknüpfte vielmehr in Art. 65 GG Kollegial-, Ressort- und Kanzlerprinzip[337]. Allerdings schränkte er die Möglichkeiten der Kanzlerabwahl erheblich gegenüber Art. 54 WRV ein und beseitigte den in Weimar möglichen isolierten Sturz einzelner Minister aus der Bundesregierung gänzlich[338]. Denn gerade in Art. 54 WRV sahen die Abgeordneten des Parlamentarischen Rates eine weitere Ursache für das Scheitern der Weimarer Republik[339]. Um eine stabile Regierung zu ermöglichen, entschied sich der Parlamentarische Rat unter dem maßgeblichen Einfluss Carlo Schmids deshalb für das sog. konstruktive Misstrauensvotum in Art. 67 GG, das dem Parlament lediglich die Kompetenz einräumte, den Kanzler aus eigener Initiative das Vertrauen dadurch zu entziehen, dass es einen neuen Bundeskanzler wählt – Misstrauenskundgebung und Wahl des neuen Bundeskanzlers erfolgen deshalb bewusst uno actu[340]. Die nach 1930 einsetzende Praxis im Weimarer Verfassungsleben, dass sich weltanschaulich weit entgegenstehende Parteien zum Regierungssturz verbünden, ohne in der Pflicht zur Neubildung der Exekutive zu stehen, wurde damit beseitigt, den Möglichkeiten des Parlamentarismus im Interesse einer stabilen Regierung Grenzen gesetzt[341].

Misstrauen hegte der Parlamentarische Rat jedoch nicht nur gegen die Staatsgewalt. Auch der Souverän, das Staatsvolk, musste sich eine deutliche Verringerung seiner Kompetenzen gefallen lassen. Die umfangreichen direktdemokratischen Elemente in der Weimarer Reichsverfassung wollte der Parlamentarische Rat nicht in das Grundgesetz aufnehmen: „Ich meine cave canem, ich warne davor, mit dieser Geschichte die künftige Demokratie zu belasten. […] Das Volksbegehren, die Volksinitiative, in den übersehbaren Dingen mit einer staatsbürgerlichen Tradition wohltätig, ist in der Zeit der Vermassung und Entwurzelung, in der großräumigen Demokratie eine Prämie für jeden

---

[336] Vgl. ebda., S. 133.
[337] Vgl, Hermes, in Dreier, Grundgesetz, Bd. 2, Art. 65, Rdnr. 2f.
[338] Vgl. ebda, Art. 67, Rdnr. 3.
[339] Vgl. Fromme, Von der Weimarer Reichsverfassung zum Bonner Grundgesetz, S. 79ff.
[340] Vgl. Hermes, in: Dreier, Grundgesetz, Art. 67, Rdnr. 13ff.
[341] Vgl. Otto, Das Staatsverständnis des Parlamentarischen Rates, S. 132f.; Neu war diese Idee der Absicherung der Regierungsstabilität allerdings nicht. Denn der Parlamentarische Rat nahm mit Art. 67 GG eine Regelung in das Grundgesetz auf, die bereits in der Weimarer Republik erwogen, jedoch nicht realisiert wurde (vgl. Huber, Deutsche Verfassungsgeschichte VI, S.335f.).

Demagogen"[342], stellte Theodor Heuss fest. Insbesondere der 1929 von NSDAP und DNVP betriebene Volksentscheid über den Young-Plan wurde von Heuss als Beweis dafür angeführt, dass „eine komplizierte Sache in vereinfachter Darstellung an das Volk herangetragen wurde und die ganze politische Erziehungsarbeit, die in der Demokratie geleistet wurde, überrannt worden ist"[343].

Zwar sieht das Grundgesetz Volksabstimmungen in Form von Volksbefragung, Volksbegehren und Volksentscheid ausdrücklich vor[344] und nennt in Art. 20 Abs. 2 S. 2 GG gleichberechtigt neben Wahlen auch Abstimmungen als Form der Ausübung der Staatsgewalt durch das Volk, doch beschränken sie sich auf die Neugliederung des Bundesgebietes (Art. 29 Abs. 2-4 GG a. F., Art. 118 GG) und den Erlass einer neuen Verfassung nach den Bestimmungen des Art. 146 GG a. F.[345]. Gemessen an der Weimarer Reichsverfassung fallen die Möglichkeiten unmittelbarer Volksmitwirkung damit bewusst bescheiden aus[346]. Zwar konnte sich der Antrag Heinrich von Brentanos, den Satzteil „durch Abstimmungen" aus Art. 20 Abs. 2 S. 2 GG zu streichen, nicht durchsetzen[347], doch blieb der Parlamentarische Rat damit deutlich hinter den Bestimmungen der vorgrundgesetzlichen Landesverfassungen zurück, die so gut wie ausnahmslos Verfah-

---

[342] Abg. Dr. Heuss (FDP), Dritte Sitzung des Plenums vom 9. September 1948, abgedruckt in: Der Parlamentarische Rat 1948-1949, Bd. 9, S. 111 (Nr. 3).
[343] Abg. Dr. Heuss (FDP), 22. Sitzung des Hauptausschusses vom 8. Dezember 1948, abgedruckt in: Parlamentarischer Rat, Verhandlungen des Hauptausschusses, S. 264.
[344] zu den unterschiedlichen Formen der Abstimmungen nach dem GG: Vgl. Ipsen, Staatsrecht I, S: 46f.
[345] Nach ganz h. M. sind mit diesen Bestimmungen nach dem Willen des Parlamentarischen Rates die Möglichkeiten der Volksgesetzgebung damit erschöpft: „Dieser Befund wird dadurch erhärtet, dass die Problematik des Plebiszits bei der Verfassungsgebung keineswegs unbekannt war, weitere Bestimmungen aber nicht aufgenommen worden sind" (Ipsen, Staatsrecht I, S. 47). Allerdings ist die Einführung weiterer Volksabstimmungen im Wege der Verfassungsänderung nicht durch Art. 79 Abs. 3 GG nicht ausgeschlossen: „Die Einführung direktdemokratischer Elemente etwa in dem in Weimar oder in den meisten Bundesländern vorgesehenen – und das heißt: praktisch einen Vorrang des Repräsentativsystems wahrenden Umfang wäre möglich. Dafür bedürfte es allerdings nach zutreffender und überwiegender Auffassung einer Verfassungsänderung, soweit es um die Volksgesetzgebung (Volksbegehren, Volksentscheid) geht" (Dreier, in: Dreier, Grundgesetz, Bd. 2, Art. 20 [Demokratie], Rdnr. 110).
[346] Die Weimarer Reichsverfassung sah Volksabstimmungen in folgenden Fällen vor:
  1) Volksentscheid über eine Länderneugliederung gem. Art. 18 Abs. 3-6 WRV,
  2) Volksentscheid über ein vom Reichstag beschlossenes Gesetz auf Antrag des Reichstagspräsidenten gem. Art. 73 Abs. 1 WRV,
  3) Volksentscheid über ein vom Reichstag beschlossenes Gesetz auf Antrag eines Zwanzigstels der Stimmberechtigten gem. Art. 73 Abs. 2 WRV,
  4) Volksentscheid bei Meinungsverschiedenheiten zwischen Reichstag und Reichsrat auf Antrag des Reichspräsidenten gem. Art, 74 Abs. 3 WRV,
  5) Volksentscheid über eine vom Reichstag beschlossene Änderung der WRV auf Antrag des Reichsrates gem. Art. 76. Abs. 2 WRV
  6) Volksentscheid aufgrund eines Volksbegehrens durch ein Zehntel der Stimmberechtigten gem Art, 76 Abs. 2 WRV.
[347] Vgl. Antrag Abg. Dr. v. Brentano, Neunte Sitzung des Plenums vom 6. Mai 1949, abgedruckt in: Der Parlamentarische Rat 1948-1949, Bd. 9, S. 462 (Nr. 9).

ren der Volksgesetzgebung und Verfassungsreferenten beinhalteten[348]. Auch der Herrenchiemseer Verfassungskonvent ging in seinem Entwurf, trotz seiner klaren Ablehnung von Volksbegehren[349], deutlich weiter als der Parlamentarische Rat und schlug in Art. 106 HChE immerhin einen Volksentscheid für Verfassungsänderungen vor[350]. Auch wenn heute in der Lehre Einigkeit darüber besteht, dass die direktdemokratischen Handlungsmöglichkeiten der Weimarer Reichsverfassung keinen entscheidenden Faktor für den Niedergang der Weimarer Republik bildeten und als Beleg für die Verführbarkeit des deutschen Volkes durch populistische Demagogen ungeeignet sind[351], kann kein Zweifel daran bestehen, dass der Verzicht auf direktdemokratische Elemente im Grundgesetz mit „Blick auf die agitatorischen Praktiken der extremistischen Parteien in der Weimarer Republik und des nationalsozialistischen Regimes"[352] erfolgte: „Demokratie ist für das Grundgesetz repräsentative Demokratie. Es verwirklicht einen Parlamentarismus strenger Observanz und verschließt sich aus Prinzip plebiszitären Verfahren, Folge einer aus Weimarer Erfahrungen erwachsenen Phobie"[353].

---

[348] Vgl. Dreier, in: Dreier, Grundgesetz, Bd. 2, Art. 20 (Demokratie), Rdnr. 21. m. w. .N.
[349] Vgl. Bericht über den Verfassungskonvent, A)Vorbericht, abgedruckt in: Der Parlamentarische Rat 1948-1949, Bd. 2, S. 506 (Nr. 14).
[350] Vgl. Art. 106 Abs. 1 S. 2 HChE, Bericht über den Verfassungskonvent, abgedruckt in: Der Parlamentarische Rat 1948-1949, Bd. 9, S. 603 (Nr. 14).
[351] So wird angeführt, dass es lediglich eine geringe Anzahl von Volksbegehren und Volksentscheiden in der Weimarer Republik gab, das 1929 von NSDAP und DNVP initiierte Plebiszit über den Young-Plan zwar zu einer politischen Emotionalisierung der Öffentlichkeit führte, jedoch im Ergebnis nur 13,8 % der Wahlberechtigten für das „Freiheitsgesetz" der Rechtsparteien stimmten und zudem sich demagogisches Geschick nicht nur bei Abstimmungen, sondern genauso bei Wahlen entfessele. (vgl. Gusy, Die Weimarer Reichsverfassung, S. 90ff. m. w. N.).
[352] Kröger, Einführung in die Verfassungsgeschichte der Bundesrepublik Deutschland, S. 23.
[353] Issensee, Abstimmungen, ohne zu entscheiden?, S. 214; Nicht nur die Weimarer Volksgesetzgebung stand auf dem Prüfstand, auch ihr in Art. 22 S. 1 WRV festgeschriebenes Verhältniswahlrecht wurde einer Überprüfung unterzogen. Der Herrenchiemseer Verfassungskonvent hatte zwar die Wahlrechtsfrage offen gelassen, doch in seinen Empfehlungen, eine klare Präferenz für ein Mehrheitswahlrecht erkennen lassen. Auch wenn der Parlamentarische Rat der Empfehlung des Verfassungskonvents, sich in der Verfassung nicht auf ein Wahlsystem festzulegen, folgte und in Art. 38 Abs. 1 GG lediglich Wahlgrundsätze formulierte, die kein bestimmtes Wahlsystem bedingen war „Weimar" in den Beratungen des Wahlrechtsausschusses präsent. Allerdings konnte der Parlamentarische Rat in der Frage, inwiefern das Verhältniswahlrecht mitursächlich für die Entstehung der Diktatur gewesen ist, zu keiner einheitlichen Haltung gelangen. Während die Abgeordneten von CDU/CSU und Deutscher Partei im Parlamentarischen Rat dazu tendierten, das Verhältniswahlrecht für die Funktionsdefizite des Weimarer parlamentarischen Systems und das Scheitern der Demokratie verantwortlich zu machen, verteidigten die Abgeordneten der SPD und der kleineren Parteien das Verhältniswahlrecht als das demokratischere Wahlrecht. CDU/CSU und DP hingegen sahen in der Einführung eines Mehrheitswahlsystems ein Instrument, extremistischen Parteien den Weg an die Macht zu verwehren (vgl. Poscher, Das Weimarer Wahlrechtsgespenst, S. 257ff. m. w. N.). Die Frage, ob ein bestimmtes Wahlrechtssystem einen für die Demokratie stabilisierenden Einfluss hat, wird seit Jahrzehnten in Rechts- und Politikwissenschaft kontrovers diskutiert (Vgl. Ipsen, Staatsrecht I, S. 22ff. m. w. N.). Bezüglich Hitlers Aufstieg nach 1930 haben sich im Wesentlichen zwei Standpunkte herauskristallisiert: Während Hermens die Auffassung vertrat, dass ein Mehrheitswahlrechtssystem Hitler verhindert hätte, da die NSDAP „im Jahre 1932 sicher kein Faktor von

3.3 Die wertorientierte und wehrhafte Demokratie des Grundgesetzes

Der demokratische Staat des Grundgesetzes sollte eine „kämpferische Demokratie"[354] werden und im Gegensatz zur Weimarer Republik über das nötige Rüstzeug verfügen, um sich gegen Angriffe auf seine Wertentscheidungen verteidigen zu können: „Gleichsam als Negativfolie hatte sich in den Köpfen der Mitglieder des Parlamentarischen Rates das Bild festgesetzt, dass die Weimarer Reichsverfassung den antidemokratischen Kräften ihrer Zeit wehrlos gegenüberstanden und deshalb hilflos hatte zusehen müssen, wie diese Kräfte ihre demokratischen Freiheiten nutzten, um schließlich den demokratischen Staat mittels seiner selbst zu vernichten"[355].

Die Weimarer Reichsverfassung eröffnete zum Schutz der Verfassung lediglich zwei Wege: Das Notverordnungsrecht des Reichspräsidenten nach Art 48 Abs. 2 WRV und die einfache Gesetzgebung[356]. Die begrenzte Handlungsfähigkeit des parlamentarischen Systems der Weimarer Republik zeigte sich bereits in den existenzbedrohlichen Situationen in den Anfangsjahren. So musste zunächst Reichspräsident Ebert nach der Ermordung von Außenminister Rathenau durch die rechtsradikale „Organisation Consul" am 24. Juni 1922 mittels Notverordnungen die nötigen Maßnahmen zum Schutz der Republik treffen[357]. Der Reichstag reagierte erst am 21. Juli mit einem Republikschutz[358]. Gänzlich hilflos zeigte sich die Republik, als die Verfassungsfeinde ihre Taktik änderten: Die Weimarer Republik erwies sich als wehrlos gegenüber Hitlers Legalitätstaktik, die auf offenen Umsturz verzichtete und auf einen Marsch durch die Institutionen setzte.

---

nationaler Bedeutung gewesen und vermutlich schon längst vorher an politischer Blutarmut zugrundegegangen" wäre (Hermens, Demokratie oder Anarchie?, S. 229), geht die neuere Forschung mittlerweile davon aus, dass „die NSDAP bereits im Jahre 1932 zusammen mit ihren potentiellen Verbündeten eine absolute Mandatsmehrheit errungen hätte, wodurch der Weimarer Republik noch früher der Todesstoß versetzt worden wäre" (Falter, Hitlers Wähler, S. 135).

[354] Abg. Dr. Katz (SPD), 36. Sitzung des Hauptausschusses vom 12. Januar 1949, abgedruckt in: Parlamentarischer Rat, Verhandlungen des Hauptausschusses, S. 458.

[355] Groh, Zwischen Skylla und Charybdis, S. 426.

[356] Die Weimarer Republik war keine schutzlose Republik: Strafrecht, Polizeirecht und Republikschutzgesetze boten Instrumente gegen „Verfassungsstörungen von unten". Doch oblag die Ausführung dieser Gesetze zum größten Teil den Ländern, der Republikschutz geriet somit zu einer „Nebenfunktion der Polizei. Er geriet auch in Abhängigkeit von der Auslegung der gesetzlichen Tatbestände durch die ordentlichen Gerichte." (Gusy, Weimar – die wehrlose Republik?, S. 191f. m. w. N.).

[357] Vgl. Erste Verordnung zum Schutze der Republik vom 26. Juni 1922 (RGBL I, S. 522), Verordnung über das Verbot bestimmter Versammlungen vom 26. Juni 1922 (RGBl I, S: 523), Zweite Verordnung zum Schutze der Republik vom 29. Juni 1922 (RGBl. I, S. 532).

[358] Vgl. Gesetz zum Schutz der Republik vom 21. Juli 1922 (RGBl. I, S. 585). Der von Ebert auf dem Verordnungsweg installierte Staatsgerichtshof zum Schutze der Republik stellte bereits am 31. März 1926 aufgrund des Gesetzes zur Abänderung des Gesetzes zum Schutz der Republik seine Tätigkeit ein (RGBl I, S. 532).

Die Folge war ein handlungsunfähiges Parlament, da die Verfassungsfeinde von links und rechts über eine Mehrheit im Reichstag verfügten. Gegen einen Feind, der sich auf die Verfassung beruft und seine verfassungsmäßigen Rechte einfordert, konnte die Weimarer Republik lediglich mit den unzureichenden Mitteln des Art. 48 Abs. 2 WRV vorgehen, vorausgesetzt der Amtsinhaber war zum Handeln bereit. Die Unzulänglichkeit des Republikschutzes offenbarte sich in ihrer ganzen Tragik nach der Auslieferung des Staates an die Verfassungsfeinde: Nach dem 30. Januar 1933 diente Art. 48 WRV nicht mehr zum Schutz der Staatsordnung, sondern vielmehr zur Festigung der nationalsozialistischen Diktatur. Die Weimarer Republik hatte ihren eigenen Feinden die Waffen geliefert, die sie benötigten, um sie zu zerstören.

Ein zweites Mal wollte man nicht Opfer dieses „grandiosen Irrtums"[359] werden: „Nun erhebt sich eine Frage: Soll diese Gleichheit und Freiheit völlig uneingeschränkt und absolut sein, soll sie auch denen eingeräumt werden, deren Streben ausschließlich darauf ausgeht, nach der Ergreifung der Macht die Freiheit selbst auszurotten? Also: Soll man sich auch künftig so verhalten, wie man sich zur Zeit der Weimarer Republik zum Beispiel den Nationalsozialisten gegenüber verhalten hat? Auch diese Frage wird in diesem Hohen Hause beraten und entschieden werden müssen. Ich für meinen Teil bin der Meinung, daß es nicht zum Begriff der Demokratie gehört, daß sie selber die Voraussetzungen für ihre Beseitigung schafft"[360]. Der Abgeordnete Josef Schwalber (CSU) argumentierte ähnlich, wenn auch deutlich pointierter: „Die Weimarer Verfassung war schon lange vor 1933 weithin als unzulänglich empfunden worden. Ich verweise nur auf die bereits im Jahre 1924 einsetzenden Reichsreformbestrebungen und auf die Länderkonferenzen mit dem Ziel einer grundlegenden Verfassungsänderung. Die unentwegten Anhänger der Weimarer Verfassung schmeichelten sich zwar mit der Behauptung, die beste und demokratischste Verfassung der Welt zu besitzen. Sie war so demokratisch, daß sie sogar den Feinden des Staates die gleichen, wenn nicht mehr Rechte einräumte als den Freunden der Verfassung. Sie war so freiheitlich, daß sie den

---

[359] Abg. Dr. Heuss (FDP), Dritte Sitzung des Plenums vom 9. September 1948, abgedruckt in: Der Parlamentarische Rat 1948-1949, Bd. 9, S. 104 (Nr. 3).
[360] Abg. Dr. Schmid (SPD), Zweite Sitzung des Plenums vom 8. September 1948, abgedruckt in: Der Parlamentarische Rat 1948-1949, Bd. 9, S. 36 (Nr. 2).

Gegnern der Freiheit und der Demokratie die Plattform bot, um auf legalem Wege beide zu vernichten"[361].

Die Lösung lag für ihn wie Schmid darin, Vorkehrungen in die Verfassung aufzunehmen, um neuerlichen Gefahren für die Demokratie wirksam begegnen zu können[362]. Der Parlamentarische Rat übernahm deshalb die Forderung des Herrenchiemseer Verfassungskonvents, eine Änderung von Bestimmungen des Grundgesetzes, die den materialen Kern der Verfassung ausmachen, für unzulässig zu erklären[363]. Art 79 Abs 3 GG verbietet deshalb, eine Änderung des Grundgesetzes, welche „die geltende Verfassungsordnung in ihrer Substanz, in ihren Grundlagen [...] beseitigt"[364]. An die Stelle der Unbegrenztheit des demokratischen Prozesses der Weimarer Reichsverfassung traten somit im Bonner Grundgesetz mit Art. 1 GG und Art. 20 GG Wertentscheidungen, die durch Art. 79 Abs. 3 GG der Disposition des verfassungsändernden Gesetzgebers ausdrücklich entzogen wurden und gegen den Zugriff von Gegnern aus der Gesellschaft von der Staatsgewalt verteidigt werden sollen[365]: „Diese Bestimmung soll zum Ausdruck bringen, daß dieses Grundgesetz nicht die Hand bieten darf zu seiner eigenen Totalbeseitigung oder –vernichtung, insbesondere dazu, daß ggf. eine revolutionäre antidemokratische Bewegung mit demokratischen Mitteln auf scheinbar ‚legalem' Wege die hier normierte demokratisch-rechtsstaatliche Grundordnung ins Gegenteil verkehrt"[366].

Dem Parlamentarischen Rat war bewusst, dass durch die Inkorporierung von Bestimmungen, die der institutionellen Sicherung des Bestandes der Verfassung dienen, eine Umwälzung der Verfassungsordnung nicht verhindert werden kann, doch wollte er mit den in Art 79 GG enthaltenen Bestimmungen eine Barriere errichten, „nicht in dem Glauben, dass wir dadurch einer Revolution begegnen können, aber doch in dem Willen, einer Revolution die Maske der Legalität zu nehmen"[367]. Zumindest eine scheinle-

---

[361] Abg. Dr. Schwalber (CSU), Dritte Sitzung des Plenums vom 9. September 1948, abgedruckt in: Der Parlamentarische Rat 1948-1949, Bd. 9, S. 93.
[362] Vgl. ebda.
[363] Bericht über den Verfassungskonvent vom 10. bis 23. August 1948, A) Vorbericht, abgedruckt in: Der Parlamentarische Rat 1948-1949, S. 506 (Nr. 14).
[364] BVerfGE 30, 1 (24).
[365] siehe hierzu: Unten 4.4.1.3.
[366] Anmerkung zu Art 108 des Entwurfs zum Grundgesetz in der vom Allgemeinen Redaktionsausschuß redigierten Fassung, Stand vom 13. – 18. Dez. 1948, abgedruckt in: Der Parlamentarische Rat 1948-1949, Bd. 7, S. 172 (Nr. 4).
[367] Abg. Dr. Dehler (FDP), 36. Sitzung des Hauptausschusses vom 12. Januar 1949, abgedruckt in: Parlamentarischer Rat, S. 454.

gale Umwälzung der Staatsordnung sollte jedoch ein zweites Mal unmöglich, die Verfassungswidrigkeit einer solchen Aushöhlung des Verfassungszustandes auch dem juristischen Laien unübersehbar sein: „Es ist schon ein Unterschied, ob jemand gezwungen ist, offen Revolution zu machen, oder ob man ihm die Möglichkeit gibt, unter dem Schutz der Scheinlegalität effektiv Revolution zu machen. Er wird in diesem Fall die Dummen im Volk eher hinter sich bekommen, als wenn er von vornherein klipp und klar sagen muss: Ich will eine Tyrannei errichten und die Demokratie abschaffen"[368].

Neben diesen konstruktiven Sicherungselementen wurden zudem präventive bzw. repressive Mittel des Verfassungsschutzes, wie die Verwirkung von Grundrechten oder das Verbot politischer Parteien, vom Parlamentarischen Rat in das Grundgesetz aufgenommen, um verfassungsfeindlichen Bestrebungen bereits vor ihrer Eskalation wirksam begegnen zu können.

Intensiv erörtert wurde im Parlamentarischen Rat auch die Frage, ob ein Widerstandrecht der Bevölkerung bei missbräuchlicher Ausübung von Staatsgewalt in das Grundgesetz aufgenommen werden solle; teilweise wurde zumindest eine Widerstandspflicht des Beamtentums im Falle von Verfassungsstörungen von oben erwogen[369]. So sah der von Ludwig Bergsträsser im Ausschuss für Grundsatzfragen vorgelegte Entwurf eines Katalogs der Grundrechte in Art. 28 ausdrücklich das Recht vor, „einzeln oder in Verbindung mit anderen der Unterdrückung und Tyrannei Widerstand zu leisten"[370]. Bergsträsser und Hans Wunderlich begründeten die Notwendigkeit eines positivierten Widerstandsrechts mit der paradoxen Situation nach dem Kapp-Putsch im März 1920. Denn einerseits wurden damals jene, unter ihnen auch Wunderlich, welche die Republik gegen die Putschisten verteidigten wegen Landfriedensbruchs oder Aufruhrs strafrechtlich zur Rechenschaft gezogen, andererseits wurden den Putschisten Papst und Erhard durch Gerichtsurteile staatliche Pensionen zuerkannt. Dergleichen staatsschädliche Urteile, so Bergsträsser, dürften mit dem Grundgesetz nicht mehr möglich sein[371].

---

[368] Abg. Dr. Schmid (SPD), ebda., S. 454f.
[369] Vgl. Dr. Zinn (SPD), Sechste Sitzung des Ausschusses für Grundsatzfragen vom 5. Oktober 1948, abgedruckt in: Der Parlamentarische Rat 1948-1949, Bd. 5/I, S. 153 (Nr.7).
[370] Katalog der Grundrechte, Anregungen von Dr. Bergsträsser als Berichterstatter vom 21. September 1948, abgedruckt in: Der Parlamentarische Rat 1948-1949, Bd. 5/I, S. 26 (Nr. 3).
[371] Vgl. Abg. Dr. Bergsträsser (SPD), Abg. Wunderlich (SPD), Sechste Sitzung des Ausschusses für Grundsatzfragen vom 5. Oktober 1948, abgedruckt in: Der Parlamentarische Rat 1948-149, Bd. 5/I, S. 152 (Nr.7).

Der Parlamentarische Rat schloss sich jedoch der negativen Einschätzung des Herrenchiemseer Verfassungskonvents an, der von einem positiviertem Widerstandsrecht wegen dessen unabsehbarer Tragweite ausdrücklich abriet[372] und lehnte ein Widerstandsrecht mit der Begründung ab, es könnte als Aufforderung zum Bürgerkrieg missverstanden werden: „Auf der anderen Seite muß man berücksichtigen, daß jeder Querulant dann dauernd vom Widerstandsrecht unter voller Berufung auf die Verfassung sprechen wird. Wenn wir auf der anderen Seite an den Mannesmut vor Königsthronen denken oder auch vor anderen behördlichen Organen, den wir in jüngster Vergangenheit erlebt haben, so wird wahrscheinlich im großen Durchschnitt aus diesem Widerstandsrecht doch nicht viel Vernünftiges herauswachsen, denn diese Krankheit hat sich nicht geändert"[373].

Dem Staatsvolk erging es somit nicht besser als der Staatsgewalt: „Die Weimarer Erfahrungen schlugen sich in Bindungen des Gesetzgebers und Einschränkungen des Wählerwillens nieder, wie sie es wohl in keiner anderen demokratischen Verfassung gibt. Mehrheiten dadurch vor sich selber zu schützen, daß bestimmte unveräußerliche Werte und freiheitssichernde Institutionen ihrem Willen entzogen werden: diese Entscheidung des Verfassungsgebers setzte die Erfahrung voraus, daß Mehrheiten so fundamental irren können, wie die Deutschen sich geirrt hatten, als sie 1932 mehrheitlich für Parteien stimmten, die ihre Demokratiefeindlichkeit offen zur Schau trugen"[374].

---

[372] Vgl. Bericht über den Verfassungskonvent auf Herrenchiemsee vom 10. bis 23. August 1948, B) Darstellender Teil, Erstes Kapitel: Die Grundrechte, Widerstandsrecht, abgedruckt in: Der Parlamentarische Rat, Bd. 2, S. 515 (Nr. 14).
[373] Abg. Dr. von Mangoldt (CDU), Sechste Sitzung des Ausschusses für Grundsatzfragen vom 5. Oktober 1948, abgedruckt in: Der Parlamentarische Rat 1948-149, Bd. 5/I, S. 152 (Nr.7).
[374] Winkler, Der lange Weg nach Westen II, S.133f.

3.4 Institute zur Sicherung der Verfassung

Die freiheitssichernden Institutionen, die der Parlamentarische Rat in das Grundgesetz einfügte, sollen dem Schutz der Verfassung gegen Übergriffe von Staatsorganen und von dritter Seite dienen. Ihr Ziel ist die „Sicherung der Beachtung von Verfassungsrecht"[375]. Diesen „Willen zur Verfassung"[376] versuchte der Parlamentarische Rat mit sowohl konstruktiven als auch repressiven bzw. präventiven Sicherungen zu erreichen[377]. Ihr gemeinsames Ziel ist die Abwehr von Angriffen auf die Grundlagen der Verfassung und der staatlichen Existenz. Die konstruktiven Sicherungselemente haben dabei die Normallage, den verfassungsrechtlichen Alltag im Blick und sollen die normative Kraft der Verfassung stärken[378]: „Ihnen allen liegt die Vorstellung zugrunde, der Bürger, vor allem der im öffentlichen Dienst stehende Organwalter werde, entsprechend belehrt oder die Drohung eines Strafbefehls vor Augen, sich in der Regel gesetz- und verfassungsmäßig verhalten. In diesem Bereich wird also vom Vorhandensein eines prinzipiell wirksamen, wenngleich im Einzelfall möglicherweise abirrenden, fehlgeleiteten ‚Willens zur Verfassung' ausgegangen"[379]. Die konstruktiven Sicherungen sollen den Bestand der Verfassung sichern durch eine erschwerte Abänderbarkeit der Verfassungsbestimmungen, die aufgrund ihre hohen Mehrheitsanforderungen eine spontane Verfassungsänderung unmöglich machen (Art. 79 Abs. 2 GG), durch den Ausschluss von Verfassungsdurchbrechungen (Art. 79 Abs. 1 S. 1 GG), die Begrenzung von Verfassungsänderungen (Art. 79 Abs. 3 GG) sowie durch Kontrolle der staatlichen Gewalten durch die Verfassungsgerichtsbarkeit (Art. 93f. GG[380].

Anders die repressiven Sicherungen, die den Bestand der Verfassung mit den Instrumenten der „wehrhaften Demokratie" erhalten sollen. Sie kommen zum Zuge, wenn nicht Irrtum oder Unkenntnis, sondern absichtsvoller Vorsatz Ursache für die Nichtbeachtung der Verfassung sind, ein „Wille zur Verfassung" mithin nicht mehr unterstellt werden kann, sondern von einem „Willen zur Vernichtung der Verfassung" ausgegan-

---

[375] Denninger, „Streitbare Demokratie" und Schutz der Verfassung, S. 684.
[376] ebda.
[377] Vgl. Hesse, Grundzüge des Verfassungsrechts der Bundesrepublik Deutschland, S. 272.
[378] Vgl. ebda.
[379] Denninger, „Streitbare Demokratie" und Schutz der Verfassung, S. 684.
[380] Vgl. Hesse, Grundzüge des Verfassungsrechts der Bundesrepublik Deutschland, S. 272ff.

gen werden muss[381]. Staatsorgane, Parteien und Einzelne, welche die Verfassung beseitigen wollen, sollen in ihrer politischen Freiheit beschränkt und aus dem politischen Prozess ausgeschaltet werden[382]. Zu den repressiven Sicherungen gehören die Verwirkung von Grundrechten (Art. 18 GG), die Verbotsmöglichkeit politischer Parteien (Art. 21 Abs. 2 GG), die Treueklausel des Art. 5 Abs. 3 S. 2 GG, die Präsidenten- und Richteranklage (Art. 61, 98 Abs. 2 GG), die Einrichtung einer Bundesbehörde zur Sammlung und Auswertung von Unterlagen für Zwecke des Verfassungsschutzes (Art. 87 Abs. 1 S. 2 GG) und das politische Strafrecht, das für eine Übergangszeit in Art. 143 GG a. F. geregelt war.

Im Parlamentarischen Rat war die Intensität der institutionellen Sicherung keineswegs unumstritten. Zwar bestand Einigkeit darin, dass die Demokratie davor geschützt werden müsse, „daß sie selbst mit Hilfe der Freiheit, die sie gewährt, ... angegriffen und vernichtet wird"[383], doch wurden auch deutliche Vorbehalte im Parlamentarischen Rat gegen Quantität und Qualität der freiheitssichernden Institutionen geäußert: In einer demokratischen Verfassung „alle möglichen Wenn und Aber hineinzubringen, das nimmt der Demokratie jede werbende Kraft"[384], lautete der Vorwurf, der gegen die als erdrückend empfundene Intensität der Sicherungsbestimmungen im Grundgesetz erhoben wurde. Doch zeigte sich der Parlamentarische Rat in seiner Mehrheit davon überzeugt, dass die Weimarer Erfahrungen eine kämpferische Demokratie geradezu gebiete: „Wir wollen mit unserem Vorschlag einer kämpferischen Demokratie die Möglichkeiten geben, bei der Abwehr von anti-demokratischen Angriffen auch die entsprechenden Mittel anzuwenden. [...] Da muß der Staat gewisse scharfe Machtmittel haben, um einen derartigen Angriff niederzuschlagen. [...] Die kämpferische Demokratie soll sich gegen Angriffe auf die Demokratie verteidigen können und ich glaube, daß wir auf diese Mittel nicht verzichten können"[385].

---

[381] Vgl. Denninger, „Streitbare Demokratie" und Schutz der Verfassung, S. 684f.
[382] Vgl. Hesse, Grundzüge des Verfassungsrechts der Bundesrepublik Deutschland, S. 273.
[383] Abg. Dr. Brockmann (Z), Dritte Sitzung des Plenums vom 9. September 1948, abgedruckt in: Der Parlamentarische Rat 1948-1949, Bd. 9, S. 148 (Nr. 3).
[384] Abg. Dr. Bergsträsser (SPD), 36. Sitzung vom 12. Januar 1949, abgedruckt in: Parlamentarischer Rat, Verhandlungen des Hauptausschusses, S. 454.
[385] Abg. Dr. Katz (SPD), 36. Sitzung vom 12. Januar 1949, abgedruckt in: Parlamentarischer Rat, Verhandlungen des Hauptausschusses, S. 458f.

3.4.1 Der Bestandsschutz des Grundgesetzes

Die Weimarer Reichsverfassung kannte, wie dargestellt, keine Begrenzung des verfassungsändernden Gesetzgebers. Jede Bestimmung der Verfassung stand „ohne Unterschied des Inhalts und der politischen Tragweite"[386] zur Disposition der Legislative. Auch verfassungsdurchbrechende Gesetze waren von Art. 76 WRV erfasst[387]. Forderungen, Staatsnormen eine gewisse Dauerhaftigkeit zu verleihen[388], blieben ohne größeren Widerhall und wurden mit der Begründung abgelehnt, dass „man die überwiegende Mehrheit eines freien Volkes durch Verfassungsartikel doch nicht hindern könnte, sich die Verfassung zu geben, die sie haben wollen, notfalls unter Bruch des geschriebenen Rechts"[389]. Die Staatsrechtslehre der Weimarer Republik betrachtete das Ermächtigungsgesetz vom 24. März 1933 deshalb als materiell verfassungsmäßig. Das vom Reichstag dadurch erschaffene neue Regierungssystem, stellte ihrer Ansicht nach keinen revolutionären Akt dar, sondern geschah im Einklang mit den Vorschriften der Weimarer Reichsverfassung und[390]. Art. 79 GG macht eine solche Sichtweise unmöglich.

a) Art. 79 Abs. 1 GG normiert das bereits in der Weimarer Republik erwogene Verbot verfassungsdurchbrechender Gesetze. Schon der 33. Deutsche Juristentag beschäftigte sich ausführlich mit der „Zulässigkeit und Form von Verfassungsänderungen ohne Änderung der Verfassungsurkunde" und kam zu dem Ergebnis, dass verfassungsändernde Gesetze nur mit verfassungsändernder Mehrheit gem. Art. 76 WRV und unter ausdrücklicher Nennung ihres verfassungsändernden Charakters zulässig sein sollten[391]. Allerdings wurde diese Forderung niemals realisiert. Die Weimarer Reichsverfassung enthielt bis zu ihrer faktischen Außerkraftsetzung durch das Ermächtigungsgesetz vom 24. März 1933 keine Bestimmung, die ein ausdrückliches Textänderungs- bzw. Inkorporationsgebot enthielt. Der Herrenchiemseer Verfassungskonvent griff diese Forderung in Art. 106 Abs. HChE auf und empfahl ein ausdrückliches Verbot der Verfassungsdurchbrechung in die Verfassung aufzunehmen, um eine „Wiederholung der Praxis von verfassungsdurchbrechenden Gesetzen ohne formelle Änderung des Textes des Grund-

---

[386] Anschütz, Die Verfassung des Deutschen Reichs, Art. 76, Anm. 3.
[387] Vgl. ebda., Anm. 2.
[388] Vgl. Schmitt, Verfassungslehre, S. 18.
[389] Thoma, in: Anschütz/Thoma, Handbuch des Staatsrechts II, §71, S. 154.
[390] Vgl. Schmitt, Staat, Bewegung, Volk, S. 7.
[391] Vgl. Pilotry, Verfassungsänderungen ohne Änderung der Verfassungsurkunde, Sp. 512.

gesetzes, die nicht wesentlich zur Entwertung der Weimarer Verfassung beigetragen hat, zu verhindern"[392].

Der Parlamentarische Rat begrüßte diese Forderung ausdrücklich. Als repräsentativ für seine Haltung können die markanten Worte von Carlo Schmid genannt werden: „Grundsatz muß sein: Keine Verfassungsdurchlöcherung, auch nicht mit qualifizierter Mehrheit. Die Verfassung ist das Grundgesetz, und unser Leben muß so, wie es die Verfassung vorschreibt, gestaltet werden, - ohne Rücksicht darauf, ob sich eine qualifizierte Mehrheit für ein verfassungsdurchbrechendes Gesetz findet oder nicht: wenn ein solches Gesetz gewollt ist, dann muß die Verfassung geändert werden. [...] Gesetze müssen immer verfassungsgemäß sein"[393]. Art. 79 Abs. 1 GG a. F. bestimmt deshalb ausdrücklich, dass das Grundgesetz nur durch ein Gesetz geändert werden kann, das den Wortlaut des Grundgesetzes ausdrücklich ändert oder ergänzt[394]. Ob ein Gesetz die Verfassung ändert, muss damit von vornherein feststehen und erkennbar sein. Denn eine Verfassungsänderung ohne Verfassungstextänderung führt zur Nichtigkeit dieses Gesetzes, auch wenn es die einhellige Zustimmung des Parlaments gefunden haben sollte[395].

b) Gem. Art. 79 Abs. 2 GG kann das Grundgesetz nur durch ein Gesetz geändert werden, das eine Mehrheit von zwei Dritteln der Mitglieder des Bundestages und der Stimmen des Bundesrates findet. Art. 79 Abs. 2 GG setzt damit sowohl höhere als auch niedrigere Hürden für eine Verfassungsänderung als die WRV. Denn einerseits wurden damit die Mitwirkungsrechte der Länder gestärkt, die nun ausdrücklich mit qualifizierter Mehrheit zustimmen müssen und nicht nur Einspruch erheben können[396]. Andererseits blieb der Parlamentarische Rat damit allerdings deutlich hinter den Vorschlägen des Herrenchiemseer Verfassungskonvents zurück, der in Art. 106 Abs. 1 S. 1 HChE neben den qualifizierten Mehrheiten in Bundestag und Bundesrat einen obligatorischen

---

[392] Bericht über den Verfassungskonvent, B) Darstellender Teil, Vorherige Änderung des Textes des Grundgesetzes, abgedruckt in: Der Parlamentarische Rat 1948-1949, Bd. 2, S. 558 (Nr. 14).
[393] Abg. Schmid (SPD), Neunte Sitzung des Ausschusses für Grundsatzfragen vom 12. Oktober 1948, abgedruckt in: Der Parlamentarische Rat 1948-1949, Bd. 5/I, S. 227 (Nr. 11).
[394] Art. 79 Abs. 1 GG wurde durch das Gesetz zur Ergänzung des GG vom 26. 3. 1954 (BGBl. I, S. 45) geändert durch die Einführung von S. 2.
[395] Vgl. Ipsen, Staatsrecht I, S. 331.
[396] Zwar stellte, wie bereits dargestellt, die Erreichung des nötigen Quorums für einen wirksamen Einspruch keine große Hürde dar, doch entstand dadurch ein Schwebezustand: Denn die vom Reichstag beschlossene Verfassungsänderung war damit nicht gescheitert. Vielmehr musste der Reichsrat gem. Art. 76 Abs. 3 S. WRV innerhalb von zwei Wochen einen Volksentscheid verlangen, um die Verkündung des Gesetzes zu verhindern. Das Schicksal des verfassungsändernden Gesetzes lag damit in der Hand des Volkes.

Volksentscheid vorsah[397]. Eine Verfassungsänderung wäre gem. Art. 106 Abs. 1 S. 2 HChE nur zustande gekommen, wenn mindestens die Hälfte aller Stimmberechtigten an der Abstimmung teilgenommen hätte, zudem die Mehrheit der Abstimmenden insgesamt und in der Mehrzahl der Länder für die Verfassungsänderung votiert hätten. Der Parlamentarische Rat konnte sich jedoch zu einer solchen Regelung nicht durchringen. Insbesondere sah er einen Volksentscheid im Widerspruch zum repräsentativen Charakter des Grundgesetzes. In der 1. Lesung des Hauptausschusses wurde deshalb zunächst aus einem obligatorischen ein fakultatives Referendum, das allerdings in der 3. Lesung des Hauptausschusses vom 10. Februar 1949 ohne Begründung gänzlich entfiel[398].

c) Art. 79 Abs. 3 GG kann, wie bereits dargestellt, als ein „Stück Vergangenheitsbewältigung"[399] bezeichnet werden. In ihm werden der materiale Kern der Verfassung und die der Verfassung immanenten Grenzen der Befugnis zur Verfassungsänderung ausdrücklich positiviert[400]. Eine Überschreitung der in Art. 79 Abs. 3 GG gesetzten Grenzen kann deshalb auch im Falle eines einstimmigen Beschlusses von Bundestag und Bundesrat keine Wirksamkeit erlangen, sondern ist verfassungswidrig und damit nichtig. Art. 79 Abs. 3 GG kommt somit Signal- und Warnfunktion zu: „Die sog. Ewigkeitsklausel des Art. 79 Abs. 3 GG gewährt Teilen der Verfassung Bestandsschutz. Sie entfaltet Wirkung aber nur im Rahmen der geltenden Verfassungsordnung. Wer sich in Einzelfällen oder aus Anlass einer Gesamterneuerung des Grundgesetzes über die Grenzen des Art. 79 Abs. 3 GG hinweggehen will, muss nach herrschender Lehre den Weg des Verfassungsumsturzes beschreiten. Er muss – wenn auch nicht notwendigerweise gewaltsam – die Rechtskontinuität brechen, also eine neue Verfassungsordnung schaffen und deren Legitimität brechen, also eine neue Verfassungsordnung schaffen und deren Legitimität gegen das Grundgesetz behaupten. Ein friedlich-demokratischer Weg ist seinem Vorhaben nicht cröffnet. Die Ewigkeitsklausel richtet sich aber nicht nur gegen den vom Parlamentarischen Rat besonders in den Blick genommenen Verfas-

---

[397] Vgl. Art. 106 HChE, Bericht über den Verfassungskonvent, C) Entwurf eines Grundgesetzes, IX. Die Gesetzgebung, abgedruckt in: Der Parlamentarische Rat, Bd. 2, S. 603 (Nr. 14).
[398] Vgl. ebda., Rdnr. 3; Art. 79 Abs. 2 GG stellt trotz der Erfordernisses einer Zweidrittelmehrheit in Bundestag und Bundesrat jedoch keine (und auch nicht vom Parlamentarischen Rat bezweckte) hohe Hürde für den verfassungsändernden Gesetzgeber dar: In den mehr als 50 Jahren der Geltung des GG hat es insgesamt 52 Änderungsgesetze gegeben, die das Grundgesetz teils erheblich veränderten (vgl. Ipsen, Staatsrecht I, S. 330 m. w. N.).
[399] Zacharias, Die sog. Ewigkeitsgarantie des Art. 79 Abs. 3 GG, S. 57.
[400] Hesse, Grundzüge des Verfassungsrechts der Bundesrepublik Deutschland, S. 277.

sungsgegner, sondern auch gegen den prinzipiell loyalen, aber gewissermaßen irrenden verfassungsändernden Gesetzgeber"[401].

Das Grundgesetz ermächtigt den verfassungsändernden Gesetzgeber somit lediglich zur Änderung, nicht jedoch zur Aufhebung oder Beseitigung der Verfassung. Zu den geschützten Grundsätzen gehören zum einen die Garantie der Menschenwürde und zum anderen die in Art. 20 GG aufgeführten Verfassungsprinzipien einschließlich des Rechtsstaatsprinzips[402], nicht jedoch die einzelnen Grundrechte[403]. In einigen ersten Kommentierungen des Grundgesetzes ist zwar zunächst die Auffassung vertreten worden, dass Art. 1 Abs. 3 GG, der auf die „nachfolgenden Grundrechte" Bezug nimmt, eine Art Kettenreaktion für die übrigen, zumindest aber die vorbehaltlos gewährten Grundrechte auslöse[404], doch lässt sich dies nicht mit dem Wortlaut von Art. 79 Abs. 3 GG vereinbaren, der lediglich die in Art. 1 *und* Art. 20 GG niedergelegten Grundsätze vor einer Änderung schützt[405]. Deshalb hat sich in der Rechtslehre die Auffassung durchgesetzt, dass der Parlamentarische Rat mit Art. 79 Abs. 3 GG lediglich eine „eingeschränkte Bestandsgarantie"[406] der Grundrechte abgegeben habe.

Daraus kann allerdings nicht gefolgert werden, dass nach dem Willen des Parlamentarischen Rates alle Grundrechte außer der Menschenwürde abgeschafft werden könnten. Denn die eingeschränkte Bestandgarantie der Grundrechte lässt sich aus den geschützten Verfassungsgrundsätzen des Art. 20 GG ableiten: „Eine Demokratie ohne Meinungs-, Versammlungs-, und Vereinigungsfreiheit ist schlechthin undenkbar, ein Sozialstaat ohne Schutz von Ehe und Familie nicht sozial und ein Rechtsstaat ohne Schutz subjektiver Rechte ausgeschlossen"[407]. Dennoch ist damit nicht jedes einzelne Grundrecht geschützt, sondern lediglich ein Mindestbestand an Grundrechten garantiert[408]. Auch verbietet Art. 79 Abs. 3 GG lediglich eine „prinzipielle Preisgabe der dort genannten Grundsätze"[409] und verlangt nur, dass diese Grundsätze nicht berührt werden, hindert aber den verfassungsändernden Gesetzgeber nicht daran, die positiv-rechtliche

---

[401] Zacharias, Die sog. Ewigkeitsgarantie des Art. 79 Abs. 3 GG, S. 59.
[402] Das Rechtsstaatsprinzip wird zwar in Art. 20 GG nicht ausdrücklich genannt, doch sind in Art. 20 Abs. 2 und Abs. 3 GG wesentliche Elemente des Rechtsstaatsprinzips, wie Gewaltenteilung, Vorrang der Verfassung und Vorrang des Gesetzes, normiert (Vgl. Jarass, in Jarass/Pieroth, GG, Art. 20, Rdnr. 20ff.).
[403] Vgl. Maurer, Staatsrecht I, S. 741.
[404] Vgl. Wernicke, in: Bonner Kommentar, , Art. 1 (Erstb.), Anm. I, Abs. 5b.
[405] Dreier, in Dreier: Grundgesetz, Bd. 2, Rdnr. 32ff.
[406] Ipsen, Staatsrecht I, S. 334.
[407] Ebda., S. 335.
[408] Vgl. Dreier, in: Dreier: Grundgesetz, Bd. 2, Art. 79 III, Rdnr. 32.
[409] BVerfGE 30, 1 (24).

Ausprägung dieser Grundsätze aus sachgerechten Gründen zu modifizieren[410]. Die Bestandsgarantie des Art. 79 Abs. 3 GG umfasst dabei nicht nur die Grundsätze des Art. 1 GG und 20 GG, sondern auch Art. 79 Abs. 3 GG selbst, auch wenn er sich nicht selbst explizit für unantastbar erklärt[411]. Der verfassungsändernde Gesetzgeber ist aber nach überwiegender Auffassung zu einer „Selbstbefreiung von den im Grundgesetz festgelegten Schranken einer Verfassungsänderung […] nicht befugt"[412].

Eine weitere Sicherung erhält der materiale Kern der Verfassung dadurch, dass verfassungsändernde Gesetze der Überprüfung des Bundesverfassungsgerichts zugänglich sind. Denn verfassungsändernde Gesetze, welche die in Art. 79 Abs. 3 GG genannten Gesetze berühren, sind unzulässig und damit verfassungswidrig und nichtig. Sie können deshalb mit der Behauptung, dass sie die in Art. 79 Abs. 3 GG genannten Grundsätze

---

[410] Vgl. BVerfGE 94, 49 (103); So kann aus dem – interessanterweise in Art. 79 Abs. 3 GG gleich doppelt garantierten - Bundesstaatsprinzip nicht ein Bestandsschutz für die einzelnen derzeit existierenden Bundesländer gefolgert werden, sondern lediglich der formale Bestand einer Mehrzahl von Ländern. Auch die grundsätzliche Mitwirkung der Länder bei der Gesetzgebung bedeutet nach h. M. nicht, dass hierunter eine Garantie der de constitutione lata vorhandenen Mitwirkungsrechte fällt (vgl. Dreier, in Dreier, Grundgesetz, Bd. 2, Art. 79 III, Rdnr. 19ff. m. w. N.). Allein der in Art. 1 Abs. 1 GG normierte Schutz der Menschenwürde unterfällt nach ganz h. M. ungeteilt der Ewigkeitsgarantie, da Inhalt der Bestimmung und dessen Grundsätze deckungsgleich sind (vgl. Pieroth, in: Jarras/Pieroth, GG, Art. 79, Rdnr. 8). Zu den wichtigsten Grundsätze des Art. 20 GG lassen sich wie folgt darstellen: Der Grundsatz der Republik verbietet die Wiedereinführung der Monarchie, das Demokratieprinzip bedingt das Mehrheitsprinzip, die Volkssouveränität, die demokratische Legitimation des Staatshandelns, das in regelmäßige Abhalten von Wahlen nach den Wahlrechtsgrundsätze der Art. 38 Abs. S. 1 GG, gebietet die Beibehaltung des freien Abgeordnetenmandats, des freien Willensbildungsprozesses und der Gewährleistung der Kommunikationsgrundrechte sowie die Achtung der Leitfunktion des Parlaments (mit Gesetzgebungshoheit und Budgetrecht). Der Grundsatz des Rechtsstaatsprinzips umfasst die Gewaltenteilung, den Vorrang der Verfassung und den Vorrang des Gesetzes sowie den Vorbehalt des Gesetzes. Von einem Bundesstaat kann nur noch dann gesprochen werden, wenn die Gliederung des Bundes in – mindestens zwei – Länder gegeben ist und den Ländern ein Mindestmaß an materieller Eigenständigkeit erhalten bleibt sowie deren grundsätzliche Mitwirkung bei der Gesetzgebung des Bundes gegeben ist. Das Sozialstaatsprinzip schließlich ist in seinem Grundsatz nach ganz h. M. lediglich dann berührt, wenn eine Garantie des Existenzminimums nicht mehr von ihm erfasst ist (vgl. Evers, in: Bonner Kommentar, Art. 79 Abs. 3 (Zweitb.), Rdnr. 161ff.).
[411] Vgl. Hesse, Grundzüge des Verfassungsrechts der Bundesrepublik Deutschland, S. 279.
[412] BVerfGE 84, 90 (120); In der Rechtslehre wird die Unabänderbarkeit von Art. 79 Abs. 3 GG aus Gründen der Normlogik (vgl. Lücke, in: Sachs, Grundgesetz, Art. 79, Rdnr. 80) oder aus der in Art. 79 GG zugrunde gelegten systematischen Differenz zwischen dem originären Akt der Verfassungsgebung und den begrenzten Kompetenzen des vefassungsändernden Gesetzgebers gefolgert (vgl. Stern, Staatsrecht I, S. 115). Nicht jedoch erfasst von der „Ewigkeitsgarantie" des Art. 79 Abs. 3 GG sind in ihrer konkreten Ausgestaltung die beiden ersten Absätze von Art. 79 GG. Hier sind dem verfassungsändernden Gesetzgeber, wenn auch in begrenztem Umfang, Veränderungsmöglichkeiten vom Verfassungsgeber nicht verwehrt worden (vgl. Ehmke, Grenzen der Verfassungsänderung, S. 127f.). Ebenfalls nicht erfasst von Art. 79 Abs 3 GG ist das mit Art. 20 Abs. 4 GG 1968 ins Grundgesetz aufgenommene Widerstandsrecht, da es anderenfalls der verfassungsändernde Gesetzgeber in der Hand hätte, seine eigenen Entscheidungen änderungsfest zu machen und sich somit in die Position der verfassungsgebenden Gewalt zu versetzen (vgl. Dreier, in Dreier, Grundgesetz, Bd. 3, Art. 79 III, Rdnr. 54).

berühren, angegriffen werden und tauglicher Gegenstand einer abstrakten und konkreten Normenkontrollklage sowie einer Verfassungsbeschwerde sein[413].

3.4.2 Die Sicherungen der „freiheitlichen demokratischen Grundordnung"

Die Weimarer Republik war keine wehrlose Republik. Auf der einfachgesetzlichen Ebene boten sich ihr durchaus rechtliche Mittel und Möglichkeiten, gegen rechtsradikale- oder linksradikale Parteien und Gruppierungen vorzugehen[414]. Allerdings enthielt die Weimarer Reichsverfassung keine spezifischen Verfassungsschutzregelungen. Auch von der Weimarer Staatsrechtslehre gingen keine Impulse für einen verstärkten Republikschutz mit Verfassungsrang aus. Denn die von ihr vertretene Auffassung, dass in einer Demokratie alles zur Disposition des Gesetzgebers stünde, auch die Demokratie selbst, ließ keinen Raum für Verfassungsschutzbestimmungen in der WRV, ja verbaten sich von selbst. Auf diesen Umstand wies Carl Schmitt bereits 1931 ausdrücklich hin: „Diese herrschende Auffassung des Art. 76 nimmt der Weimarer Verfassung ihre politische Substanz und ihren ‚Boden' und macht sie zu einem gegenüber jedem Inhalt indifferenten, neutralen Abänderungsverfahren, das namentlich auch der jeweils bestehenden Staatsform gegenüber neutral ist. Allen Parteien muß dann gerechterweise die unbedingt gleiche Chance gegeben werden, sich die Mehrheiten zu verschaffen, die notwendig sind, um mit Hilfe des für Verfassungsänderungen geltenden Verfahrens ihr angestrebtes Ziel – Sowjet-Republik, Nationalsozialistisches Reich, wirtschaftsdemokratischer Gewerkschaftsstaat, berufsständischer Korporationsstaat, Monarchie alten Stils, Aristokratie irgendwelcher Art – und eine andere Verfassung herbeizuführen. Jede Bevorzugung der bestehenden Staatsform oder gar der jeweiligen Regierungsparteien, sei es durch Subventionen für Propaganda, Unterscheidungen bei der Benutzung der

---

[413] Vgl. Benda/Klein, Verfassungsprozeßrecht, S. 207, 306, 334; Das BVerfG neigt allerdings dazu, das Merkmal des „Berührens" restriktiv auszulegen: „Art. 79 Abs. 3 GG als Schranke für den verfassungsändernden Gesetzgeber hat den Sinn, zu verhindern, dass die geltende Verfassungsordnung in ihrer Substanz, in ihren Grundlagen auf dem formal-legalistischen Weg eines verfassungsändernden Gesetzes beseitigt und zur nachträglichen Legalisierung eines totalitären Regimes missbraucht werden kann. Die Vorschrift verbietet also eine prinzipielle Preisgabe der dort genannten Grundsätze. Grundsätze werden ‚als Grundsätze' von vornherein nicht ‚berührt', wenn sie nur für eine Sonderlage entsprechend deren Eigenart aus evident sachgerechten Gründen modifiziert werden" (BVerfGE 30, 1 [24]).
[414] So galten Parteien in der Weimarer Republik als Vereine, deren Freiheit und Existenz keineswegs unbeschränkt garantiert wurde. Vielmehr setzte Art. 124 Abs. 1 WRV von vornherein Grenzen. Parteiverbotsverfahren waren somit zulässig und möglich (vgl. Gusy, Weimar – die wehrlose Republik?, S. 367ff.).

Rundfunksender, Amtsblätter, Handhabung der Filmzensur, Beeinträchtigung der parteipolitischen Betätigung oder Parteizugehörigkeit der Beamten in dem Sinne, daß die jeweilige Regierungspartei den Beamten nur die Zugehörigkeit zur eigenen oder den von ihr parteipolitisch nicht zu weit entfernten Parteien gestattet, Versammlungsverbote gegen extreme Parteien, ihre Unterscheidung von legalen und revolutionären Parteien nach ihrem Programm, alles das sind im Sinne der konsequent zu Ende gedachten, herrschenden Auffassung des Art. 76 grobe und aufreizende Verfassungswidrigkeiten"[415].

Carl Schmitt war kein Streiter für den Parlamentarismus. Seine Lehre von der Unantastbarkeit des Verfassungskerns diente nicht dem Ziel die Weimarer Reichsverfassung und ihre Institutionen zu stärken[416]. Dennoch gehört Carl Schmitt paradoxerweise zu den geistigen Ahnherren des Grundgesetzes: „Carl Schmitt wurde in den westdeutschen Verfassungsberatungen von 1948/1949 selten zitiert, aber er war allgegenwärtig. In vieler Hinsicht stellten die Bonner Verfassungsschöpfer Schmitts Weimarer Positionen auf den Kopf – etwa wenn sie sich für eine konsequent repräsentative und gegen eine plebiszitäre Demokratie, für ein Staatsoberhaupt mit überwiegend repräsentativen Funktionen und gegen jedwede präsidiale Diktaturgewalt, für einen gerichtsförmigen und gegen einen präsidialen ‚Hüter der Verfassung' entschieden. Aber was die Gegnerschaft zum Weimarer Wertrelativismus anging, waren die Väter und Mütter des Grundgesetzes ‚Schmittianer' – freilich mit einer wichtigen Einschränkung: Sie dachten naturrechtlich und sahen in der ‚Entscheidung' keinen Selbstzweck; sie waren Normativisiten und keine Dezisionisten"[417].

Der Parlamentarische Rat schuf deshalb im Gegensatz zur wertneutralen Weimarer Reichsverfassung mit dem Grundgesetz eine wertgebundene Verfassungsordnung, die zwar offen für die pluralistische Meinungsvielfalt im politischen Bereich ist, ihr jedoch bestimmte Grenzen setzt. Die Wertgebundenheit und Wertorientiertheit des Grundgesetzes bilden somit zwei Seiten einer Medaille: „Die Verbindung von Vorschriften zur Konstituierung einer freiheitlichen Demokratie mit Bestimmungen zum Schutze eben

---

[415] Schmitt, Der Hüter der Verfassung, S. 113.
[416] Richard Thoma erkannte bereits 1929 klar die Intention von Carl Schmitts Verfassungslehre: „Im tiefsten Grunde läuft also diese Verfassungslehre nicht auf eine besondere Heiligung, sondern auf eine Entwertung der geschriebenen Verfassungen hinaus, denen eine Härte angedeutet wird, an der sie unter Umständen zerspringen müssten" (vgl. Thoma, Die Grundrechte und Grundpflichten der Reichsverfassung, S. 45).
[417] Winkler, Der lange Weg nach Westen II, S. 133.

dieser freiheitlichen Demokratie gegen eine Beseitigung, die [...] eine der wesentlichen Besonderheiten des Grundgesetzes darstellt, beruht auf der Überzeugung des Verfassungsgebers, daß das Bekenntnis zur freien Selbstbestimmung des Volkes nicht auch die Anerkennung des Rechtes zur Preisgabe der Freiheit durch das Volk selbst mit einschließt"[418].

Die Grenze, die der Parlamentarische Rat der politischen Meinungsvielfalt gesetzt hat, ist die freiheitliche demokratische Grundordnung. Wird diese Grenze überschritten, sollen nach dem Willen des Verfassungsgebers die Mittel der „streitbaren Demokratie"[419] zum Einsatz kommen. Hitlers Legalitätstaktik, welche die Rechte und Möglichkeiten des demokratisch-parlamentarischen Staates konsequent für eine legale Machtergreifung mit dem Endziel der Errichtung einer Führerdiktatur nutzte, sollte sich nicht wiederholen dürfen[420].

Die Erkenntnis Gustav Radbruchs, der im französischen Exil 1934 seinen wertrelativistischen Standpunkt dahingehend revidierte, dass politischer Intoleranz jegliche staatliche Toleranz zu versagen sei[421], kann als Leitmotiv für die Beratungen des Parlamentarischen Rates über die Bestimmungen des Verfassungsschutzes bezeichnet werden: „Die neue deutsche Demokratie, so der Rekurs auf Weimar, wolle ihren Feinden nicht mehr die Waffen liefern, die sie benötigen, um sie zu stürzen. Vielmehr wurde im Parlamentarischen Rat der Mut zur Intoleranz gegenüber denjenigen beschworen, welche danach trachten sollten, die Demokratie umzubringen. Die streitbare Demokratie ist deshalb ein Ausfluss dieser freiheitlichen demokratischen Grundordnung des Grundgesetzes, oder anders ausgedrückt: Mit dieser Grundordnung schlägt die Werthaftigkeit des Grundgesetzes in seine Wehrhaftigkeit um. Diese auf materialen Werten fußende Intoleranz gegenüber den Feinden der Demokratie manifestiert sich in den genannten Verfassungsschutznormen. Die freiheitliche demokratische Grundordnung wird in ihnen zu einem unabänderlichen Bestandteil der Verfassung erhoben"[422].

---

[418] Sattler, Die rechtliche Bedeutung der Entscheidung für die streitbare Demokratie, S. 93.
[419] BVerfGE 5, 85 (139); In der Literatur werden synonym die Begriffe „wehrhafte Demokratie" und „abwehrbereite Demokratie" verwendet (vgl. Maurer, Staatsrecht I, S. 751 m. w. N.). Das BVerfG definiert den Begriff „streitbare Demokratie" als „Ausdruck des bewussten verfassungspolitischen Willens zur Lösung eines Grenzproblems der freiheitlichen demokratischen Staatsordnung" und als den „Versuch einer Synthese zwischen dem Prinzip der Toleranz gegenüber allen politischen Auffassungen und dem Bekenntnis zu gewissen unantastbaren Grundwerten der Staatsordnung" (BVerfGE 5, 85 [139]).
[420] Vgl. Groh, Zwischen Skylla und Charybdis, S. 426.
[421] Vgl. Radbruch, Der Relativismus in der Rechtsphilosophie, S. 86.
[422] Vgl. Groh, Zwischen Skylla und Charybdis, S. 449.

Durch eine Vielzahl von Regelungen des Grundgesetzes werden deshalb die staatlichen Organe in die Lage versetzt und verpflichtet, gegen Bestrebungen vorzugehen, die auf Beseitigung oder Beeinträchtigung der freiheitlichen demokratischen Grundordnung abzielen. Verfassungsfeindlichen Aktivitäten von Einzelpersonen, Vereinigungen, politischen Parteien und Staatsorganen soll mit ihnen gleichermaßen erfolgreich begegnet werden. Das Grundgesetz verwendet dabei keine einheitliche Terminologie. Während in Art. 18 S. 1 GG und Art. 21 Abs 2. S. 1 GG ausdrücklich als Schutzgut die „freiheitliche demokratische Grundordnung" genannt wird, ist in Art. 9 Abs. 2 GG und Art. 98 Abs. 2 S. 1 GG von der „verfassungsmäßigen Ordnung" die Rede. Da das in Art. 9 Abs. 2 GG festgeschriebene Verbot von verfassungsfeindlichen Vereinigungen und die in Art. 98 Abs. 2 GG normierte Richteranklage aufgrund verfassungsfeindlicher Aktivitäten des Amtsinhabers jedoch ebenso dem Verfassungsschutz dienen, wie die in Art. 18 GG normierte Möglichkeit der Grundrechtsverwirkung oder das in Art. 21 Abs. 2 GG geregelte Verbot verfassungswidriger Parteien, wird in der Rechtslehre die Auffassung vertreten, dass die Begriffe vom Verfassungsgeber synonym verwendet wurden und mit der „verfassungsmäßigen Ordnung" die „freiheitliche demokratische Grundordnung" gemeint ist[423].

Das Bundesverfassungsgericht hat bereits 1952 in seiner ersten Parteiverbotsentscheidung eine Begriffsbestimmung der freiheitlichen demokratischen Grundordnung vorgenommen, die es seitdem unverändert beibehalten hat. Danach ist unter der freiheitlichen demokratischen Ordnung eine Ordnung zu verstehen, „die unter Ausschluß jeglicher Gewalt- und Willkürherrschaft eine rechtsstaatliche Herrschaftsordnung auf der Grundlage der Selbstbestimmung des Volkes nach dem Willen der jeweiligen Mehrheit und der Freiheit und Gleichheit darstellt. Zu den grundlegenden Prinzipien dieser Ordnung sind mindestens zu rechnen: die Achtung vor den im Grundgesetz konkretisierten Menschenrechten, vor allem vor dem Recht der Persönlichkeit auf Leben und freie Entfaltung, die Volkssouveränität, die Gewaltenteilung, die Verantwortlichkeit der Regierung, die Gesetzmäßigkeit der Verwaltung, die Unabhängigkeit der Gerichte, das Mehrheitsprinzip und die Chancengleichheit für alle politischen Parteien mit dem Recht auf verfassungsmäßige Bildung und Ausbildung einer Opposition"[424]. Die freiheitliche

---

[423] Vgl. Höfling, in: Sachs, Grundgesetz, Art. 9, Rdnr. 44 m. w. N.; Vgl. auch Schulze-Fidelitz, in: Dreier, Grundgesetz, Art. 98, Rdnr. 32.
[424] BVerfGE 2, 1 – Leitsatz 2.

demokratische Grundordnung ist somit das „Gegenteil des totalen Staates, der als ausschließliche Herrschaftsmacht Menschenwürde, Freiheit und Gleichheit ablehnt"[425]. Inhaltlich deckt sich somit die freiheitliche demokratische Ordnung mit den änderungsfesten Verfassungsgrundsätzen des Art. 79 Abs. 3 GG. Denn beide haben das Ziel, den Bestand und die Integrität der Verfassungsgrundsätze zu sichern[426].

Die Vielzahl an Bestimmungen im Grundgesetz, die ein Vorgehen gegen einzelne Bürger oder Gruppen von Bürgern und Staatsorgane zur Sicherung der freiheitlichen Demokratie bezwecken, belegen aber nicht nur die Entschlossenheit des Parlamentarischen Rates, die freiheitliche Demokratie umfassend gegen jedweden Angriff zu schützen. Ihre Ausgestaltung zeigt aber auch, dass der Parlamentarische Rat die Gefahren eines umfassenden Verfassungsschutzes deutlich erkannte. Schutz der Freiheit darf nach dem Willen des Parlamentarischen Rates nicht die Beseitigung der Freiheit zur Folge haben: „In der Tat darf bei der Würdigung der Vorstellung des Verfassungsgebers im Hinblick auf den Schutz der freiheitlichen Demokratie in keinem Fall übersehen werden, daß sie nicht darauf gerichtet ist, die freiheitliche Demokratie ohne jede Rücksicht auf mögliche Konsequenzen zu schützen, sondern daß sie auf den Schutz der Freiheit unter Vermeidung der Gefahr, diese selbst preiszugeben, abzielt. [...] Das Ziel, das der Verfassungsgeber mit der Entscheidung für die streitbare Demokratie aufgestellt hat, lautet: Die freiheitliche Demokratie ist in umfassender Weise und gegenüber jedem, von dem ihr Gefahr drohen kann, gegen eine Beseitigung zu schützen, ohne daß der Schutz der Freiheit seinerseits die Beseitigung der Freiheit zur Folge haben darf"[427].

Die einzelnen Verfassungsinstitute, die den Schutz der freiheitlichen Demokratie bezwecken, stellen deshalb hohe Hürden für eine Freiheitsbeschränkung auf, die eine missbräuchliche Einschränkung von Meinungsbekundungen und Bestrebungen ausschließen sollen. So ermöglichen Art. 9 Abs. 2, 18, 21 Abs. 2 und 98 Abs. 2 GG ein rechtmäßiges Einschreiten gegen Personen oder Gruppen von Personen nur dann, wenn diese eine kämpferische, aggressive Haltung gegen die freiheitliche demokratische

---

[425] Ebda., S. 12.
[426] Vgl. Stern, Staatsrecht I, S. 564f.; Entgegen der h. M. wird auch die Auffassung vertreten, dass keine umfassende Übereinstimmung vorliegen würde, da die Ewigkeitsgarantie einerseits durch Einbeziehung von Republik, Bundes- und Sozialstaatlichkeit sowie durch die grundsätzlich Offenheit für direktdemokratische Elemente mehr als die freiheitlich demokratische Grundordnung umfasse, aber andererseits mangels Fixierung des parlamentarischen Regierungssystems und der streitbaren Demokratie auch weniger (vgl. Dreier, in: Dreier, Grundgesetz, Bd. 2, Art. 79 III, Rdnr. 60 m. w. N.).
[427] Sattler, Die rechtliche Bedeutung der Entscheidung für die streitbare Demokratie, S. 58ff.

Grundordnung einnehmen[428]. Die Entscheidung über die in Art. 18, 21 Abs. 2 und 98 Abs. 2 GG möglichen Freiheitsbeschränkungen werden zudem dem Bundesverfassungsgericht zugewiesen und damit der Entscheidungsgewalt der Exekutive und Legislative entzogen, deren Mitwirkungsrechte sich auf die Antragstellung beschränken[429].
Im Einzelnen enthalten die Bestimmungen, die der Parlamentarische Rat in das Grundgesetz zum Zwecke der Sicherung der freiheitlichen demokratischen Grundordnung aufnahm, folgende Regelungen:

a) Art. 5 Abs. 3 S. 2 GG stellt fest, dass die Freiheit der Lehre nicht von der Treue zur Verfassung entbindet. Der Parlamentarische Rat trug mit dieser Klausel dem Umstand Rechnung, dass die Universitäten in der Weimarer Republik mehrheitlich antirepublikanisch gesinnt waren und viele Professoren die ihnen in Art. 142 WRV garantierte Lehrfreiheit dazu missbrauchten, die Verfassung zu diskreditieren[430].

Die Bestimmung war im Parlamentarischen Rat nicht unumstritten. Namentlich Theodor Heuss hielt es für „schier unerträglich, [...] die Mißtrauensaktion gegen einen einzigen Beruf nun sozusagen verfassungsrechtlich zu ‚verankern'"[431]. Die Mehrheit der Abgeordneten des Parlamentarischen Rates hingegen sah in der Treueklausel ein wichtiges Element, um einen erneuten Missbrauch der Lehrfreiheit zur Aushöhlung der Verfassung zu verhindern. Als repräsentativ für die Haltung des Parlamentarischen Rates kann Carlo Schmids Begründung für die Notwendigkeit von Art. 5 Abs. 3 S. 2 GG zitiert werden[432]: „Der Satz, dessen Einfügung wir beantragen, soll unter gar keinen Umständen die verantwortungsbewusste Kritik am Grundgesetz selbst und auch nicht an den Prinzipien ausschließen, auf denen es beruht; dieser Satz soll lediglich zum Ausdruck bringen, daß solche Kritik unter dem Gebot der Verantwortlichkeit steht und mit dem Respekt erfolgen muß, den man einem Gesetz schuldet, nach dem ein Volk zu leben sich entschlossen hat. Es soll verhindert werden, dass unter dem Vorwand einer wissenschaftlichen Kritik ein Mann auf dem Katheder nichts anderes treibt als hinterhältige Politik, indem er die Demokratie und ihre Einrichtungen nicht kritisiert, sondern verächtlich macht. Man könnte sagen, dass das Selbstverständlichkeiten sind; warum

---

[428] Vgl. ebda., S. 59.
[429] Vgl. ebda., 98f.
[430] Vgl. Laqueur, Weimar. Die Kultur der Republik, S. 234f.
[431] Abg. Dr. Heuss (FDP), Neunte Sitzung des Plenums vom 6. Mai 1949, abgedruckt in: Der Parlamentarische Rat 1948-1949, Bd. 9, S. 449 (Nr. 9).
[432] Vgl. Fromme, Von der Weimarer Reichsverfassung zum Bonner Grundgesetz, S. 172f. m. w. N.

brauche man dann einen solchen Satz? Meine Damen und Herren, es sind vor 1933 in deutschen Hörsälen Dinge geschehen, für deren Auswirkungen wir heute bezahlen, die vielleicht unterblieben wären, wenn man die Herrschaften nachdrücklich genug auf eine feierliche Verpflichtung hätte hinweisen können"[433].

b) Art. 9 Abs. 2 GG sieht vor, dass Vereinigungen, deren Zwecke oder deren Tätigkeit den Strafgesetzen zuwider laufen oder die sich gegen die verfassungsmäßige Ordnung oder den Gedanken der Völkerverständigung richten, verboten sind. Auch diese Bestimmung will einen Missbrauch des gewährleisteten Grundrechts von vornherein ausschließen und stellt ebenfalls eine Reaktion auf die Erfahrungen in der Weimarer Republik dar. Denn die Zahl von Verbänden und Vereinigungen, welche die in Art. 124 WRV garantierte Vereinigungsfreiheit missbrauchten, um sie für die Beseitigung der Weimarer Verfassungsordnung zu missbrauchen, war Legion[434].

c) Nach dem Willen des Parlamentarischen Rates sollte sich künftig „jener nicht mehr auf die Grundrechte berufen dürfen, der von ihnen Gebrauch machen will zum Kampf gegen die Demokratie und die freiheitliche Grundordnung"[435]. Mit Art. 18 GG schuf er deshalb ein „scharfes Schwert"[436], um verfassungsfeindlichen Umtrieben von Einzelpersonen Einhalt zu gebieten. Die in Art. 18 GG normierte Grundrechtsverwirkung ist ebenfalls eine Antwort auf die Weimarer Republik, in deren Endphase Meinungs- und

---

[433] Abg. Dr. Schmid (SPD), Neunte Sitzung des Plenums vom 6. Mai 1949, abgedruckt in: Der Parlamentarische Rat 1948-1949, Bd. 9, S. 449 (Nr. 9; Art 5 Abs. 3 S. 2 GG bildet somit keine Schranke des in Art. 5 Abs. 3 S. 1 GG garantierten Grundrechts der Wissenschaftsfreiheit, sondern betrifft sachlich nur, was ohnehin nicht in den Schutzbereich des Art. 5 Abs. 3 GG fällt. Er fordert keineswegs unwahrhaftige Wissenschaft durch Unterdrückung kritischer Erkenntnisse über das Staatswesen, vielmehr bindet er den Hochschullehrer damit lediglich zum methodischen und sachlichen Nachweis seiner Begriffe und Aussagen. Er verbietet jedoch eine einseitige, tendenziöse, politisierende Darstellung (die vom Schutzbereich des Art. 5 Abs. 2 S. 1 GG nicht erfasst ist) und damit den Missbrauch der Lehrfreiheit zum Zwecke des Kampfes gegen die Verfassungsordnung (vgl. Hesse, Grundzüge des Verfassungsrechts der Bundesrepublik Deutschland, S. 165f.).
[434] Vgl. Bracher, Die Auflösung der Weimarer Republik, S. 128ff. m. w. N.; Das Verfahren zur Feststellung eines Vereinsverbots ist im Vereinsgesetz geregelt. Denn entgegen dem Wortlaut von Art. 9 Abs. 2 GG, dem zufolge Vereine, welche die dort genannten Tatbestände erfüllen, verboten *sind*, muss dennoch zunächst überprüft werden, ob die Verbotstatbestände vorliegen. Insofern bedarf es eines Verbotsverfahrens und eines Verbotsaktes. Der Gesetzgeber hat sich des Dilemmas, dass die in Art. 9 Abs. 2 GG unterfallenden Vereinigungen einerseits verboten sind, andererseits aber regelmäßig unklar ist, ob sie die Verbotstatbestände erfüllen, mittels eines Kunstgriffs entzogen: Vereine dürfen erst dann als verboten behandelt werden, wenn die Verbotsbehörde gem. § 3 Abs. 1 S. 1 VereinsG festgestellt hat, dass einer der Tatbestände des Art. 9 Abs. 2 GG erfüllt ist. Wirksam wird das Verbot gem. § 3 Abs. 4 S. 3 VereinsG erst mit Zustellung bzw. Bekanntmachung im Bundesanzeiger (vgl. Ipsen, Staatsrecht II, S. 152).
[435] Abg. Dr. Schmid (SPD), Zweite Sitzung des Plenums vom 8. September 1948, abgedruckt in: Der Parlamentarische Rat 1948-1949, Bd. 9, S. 38 (Nr. 2).
[436] Stern, Staatsrecht I, S. 200.

Pressefreiheit zum Kampf gegen die Demokratie missbraucht worden waren[437]. Die in Art. 18 GG abschließend aufgezählten Grundrechte, die verwirkt werden können, wenn sie zum Kampf gegen die freiheitliche demokratische Grundordnung missbraucht werden[438], sind deshalb vorwiegend die sog. Kommunikationsgrundrechte der Art. 5, 8, 9 GG, die auch und vor allem im politischen Bereich bedeutsam sind sowie die Grundrechte, welche die materielle Basis für ein verfassungsfeindliches Verhalten bilden (Art. 13 und 14 GG)[439]. Gem. Art. 18 S. 2 GG tritt die Grundrechtsverwirkung nicht ipso iure ein, sondern wird vom Bundesverfassungsgericht ausgesprochen[440]. Denn der Parlamentarische Rat wollte bewusst wegen der außerordentlichen Bedeutung eines solchen Eingriffes die Grundrechtsverwirkung in die Hände einer neutralen Instanz legen und die Entscheidungsgewalt nicht der Exekutive übertragen, um einen Missbrauch des Verfassungsinstitutes durch die Exekutive zu verhindern[441].

d) Für die politischen Parteien gilt nicht die Verbotsregelung des Art. 9 Abs. 2 GG, sondern die spezielle Regelung des Art 21 Abs. 2 GG[442]. Nach Art. 21 Abs. 2 S. 1 GG

---

[437] Vgl. Hufen, Staatsrecht II, S. 133.
[438] Vgl. Gröschner, in: Dreier, Grundgesetz, Bd. 1, Art. 18, Rdnr. 18.
[439] Vgl. Maurer, Staatsrecht I, S. 755.
[440] Das Verfahren ist im Einzelnen in den §§ 13 Nr. 1, 36ff. BVerfGG geregelt. Materiell-rechtliche Voraussetzung für die Grundrechtsverwirkung ist, eine verfassungsfeindliche Betätigung einer Einzelperson. Diese liegt dann vor, wenn ein Kampf, d. h. ein aggressives Vorgehen gegen die freiheitliche demokratische Grundordnung, unter Ausnutzung bestimmter Grundrechte durch den Antragsgegner gegeben ist (vgl. BVerfGE 38, 23 [24]). Antragsberechtigt sind gem. § 36 BVerfGG Bundestag, Bundesregierung oder eine Landesregierung. Eine dem Antragsteller nachteilige Entscheidung bedarf gem. § 15 Abs. 2 S. 2 BVerfGG einer Mehrheit von zwei Dritteln der Mitglieder des Senats. Das BVerfG stellt gem. § 39 Abs 1 BVerfGG fest, welche Grundrechte und auf welche Zeit verwirkt sind. Nach § 39 Abs. 2 BVerfGG kann das BVerfG auch das Wahlrecht und die Wählbarkeit aberkennen. Eine Grundrechtsverwirkung macht indes nicht „vogelfrei". Die Folge des Richterspruchs ist lediglich, dass der Betroffene sich nicht mehr gegenüber der Staatsgewalt auf die verwirkten Grundrechte berufen kann. Allerdings gilt auch für ihn weiterhin der Vorbehalt des Gesetzes, d. h. das zwar nicht die verwirkten Grundrechte einer hoheitlichen Maßnahme gegen den Betroffenen im Wege stehen, wohl aber weiterhin einer gesetzlichen Grundlage bedürfen, um rechtmäßig zu sein (vgl. Hesse, Grundzüge des Verfassungsrechts der Bundesrepublik Deutschland, S. 281). Praktische Bedeutung hat das Verfassungsinstitut der Grundrechtsverwirkung allerdings in der Geschichte der Bundesrepublik Deutschland noch nicht erlangt. Bisher sind nur vier Verfahren wegen Grundrechtsverwirkung nach Art 18 GG beim BVerfG anhängig gemacht worden, von dem kein Verfahren zur Aberkennung der Grundrechte geführt hat (vgl. Schlaich/Korioth, Das Bundesverfassungsgericht, S. 185 m. w. N.).
[441] Vgl. Gröschner, in: Dreier, Grundgesetz, Bd. 1, Art. 18, Art. 18, Rdnr. 3 m. w. N.
[442] Vgl. Morlok, in: Dreier, Grundgesetz, Bd. 2, Art 21, Rdnr. 141; Die unterschiedliche Ausgestaltung von Vereinigungs- und Parteiverbot hat dazu geführt, dass im Schrifttum oft die Rede vom sog. „Parteienprivileg" ist, da verfassungswidrige Vereinigungen schlechthin verboten sind, während verfassungswidrige Parteien nur vom BVerfG – auf Antrag - verboten werden können. Der Begriff ist allerdings insofern missverständlich, da die unterschiedliche Ausgestaltung einer Verbotszuständigkeit und eines Verbotsverfahrens nicht als Privileg bezeichnet werden können. Die unterschiedliche Behandlung von Parteien und Vereinigungen ergibt sich vielmehr daraus, dass politische Parteien auf Grund der Spezialvorschrift des Art. 21 GG keine Vereinigungen im Sinne des Art. 9 Abs. 2 GG sind und insofern ein

sind Parteien, die nach ihren Zielen oder nach ihrem Verhalten ihrer Anhänger darauf ausgehen, die freiheitliche demokratische Grundordnung zu beeinträchtigen oder zu beseitigen oder den Bestand der Bundesrepublik Deutschland zu gefährden, verfassungswidrig. Art. 21 Abs. 2 S. 2 GG weist das Entscheidungsmonopol, wie im Fall der Grundrechtsverwirkung gem. Art. 18 GG, dem Bundesverfassungsgericht zu. Der Parlamentarische Rat tat sich mit der Formulierung der Bestimmung ebenso schwer wie mit dem genauen Inhalt. Zwar bestand Einigkeit unter den Abgeordneten des Parlamentarischen Rates über die Notwendigkeit einer solchen Regelung, doch zeigten sich erhebliche Meinungsunterschiede in der genauen Ausgestaltung der Norm[443]. Insbesondere war umstritten, ob ein Verdikt des Bundesverfassungsgerichts auch zum Verbot der betreffenden Partei führen müsse[444]. Auch wurde im Gegensatz zu Art. 9 Abs. 2 GG der Begriff des „Verbots" in Art. 21 Abs. 2 GG vom Parlamentarischen Rat bewusst vermieden, um jede Assoziation zum allgemeinen Parteiverbot im NS-Staat zu vermeiden[445].

Der historische Bezug der Rechtsnorm zu den Ereignissen am Ende der Weimarer Republik liegt klar auf der Hand: Art. 21 Abs. 2 GG ist nach den Worten des Bundesverfassungsgerichts „Ausdruck des bewussten verfassungspolitischen Willens zur Lösung eines Grenzproblems der freiheitlichen demokratischen Staatsordnung. Niederschlag der Erfahrungen eines Verfassungsgebers, der in einer bestimmten historischen Situation das Prinzip der Neutralität des Staates gegenüber den politischen Parteien nicht mehr rein verwirklichen zu dürfen glaubte, Bekenntnis zu einer – in diesem Sinne – ‚streitbaren Demokratie'"[446].

Die rechtliche Möglichkeit eines Parteiverbotes bestand auch in der Weimarer Republik. Nach Maßgabe der Schranke des Art. 124 WRV sind mindestens 37 Verbote gegen Parteien, deren Landesverbände, Ortsvereine oder sonstige Unterorganisationen ergangen[447]. Rechtsgrundlage waren regelmäßig § 14 Abs. 2 des 1. Gesetzes zum Schutz der

---

abweichend geregeltes Verfahren folgerichtig ist (vgl. Ipsen, in: Sachs, Grundgesetz, Art. 21, Rdnr. 149 m. w. N.).
[443] Vgl. Fromme, Von der Weimarer Reichsverfassung zum Bonner Grundgesetz, S. 174 m. w. N.
[444] Vgl. Morlok, in: Dreier, Grundgesetz, Bd. 2, Art. 21, Rdnr. 10.
[445] Vgl. Ipsen, in, Sachs, Grundgesetz, Art. 21, Rdnr. 173.
[446] BVerfGE 5, 85 (139).
[447] Vgl. Gusy, Die Weimarer Reichsverfassung, S. 121ff.

Republik oder Notverordnungen nach Art. 48 Abs. 2 WRV[448]. Grenze der Verbote war jedoch die staatsrechtliche Stellung der Parteien: Nach der Rechtsprechung reichten Verbote lediglich soweit, wie das Vereinsrecht reichte. Die staatsrechtliche Stellung von Abgeordneten und Fraktionen blieb jedoch von ihnen unberührt[449]. War ein Abgeordneter zugleich Mandatsträger einer Partei, trat die paradoxe Situation auf, dass ihm seine Parteitätigkeit, nicht jedoch seine Abgeordnetentätigkeit im Falle eines Parteiverbots untersagt war. Der Vollzug eines Parteiverbotes kam damit der Quadratur des Kreises gleich. Denn Kontrollen des Besucherverkehrs vor den Abgeordnetenzimmern durch die Polizei blieben erfolglos[450]. In Wahlkampfzeiten jedoch wurden Parteiverbote gänzlich undurchführbar. Denn § 15 des Gesetzes zum Schutz der Republik vom 21. Juli 1922[451] untersagte verbotenen Parteien ausdrücklich nicht das Recht auf Kandidatenaufstellung und Wahlwerbung[452].

Gegen Hitlers blutigen Umstutzversuch im November 1923 konnte sich die Republik mit den ihr zur Verfügung gestellten Mitteln noch erwehren. Als sich jedoch die Nationalsozialisten daran machten, durch Beteiligung an Wahlen die Macht zu erlangen, um sodann die bestehende Verfassungsordnung zu beseitigen und Deutschland in eine Diktatur zu verwandeln, erwies sich die Weimarer Republik als ohnmächtig[453]. Bereits

---

[448] Voraussetzungen für ein Verbot waren danach Straftaten nach §§ 1-8 des 1. Republikschutzgesetzes, insbesondere Verunglimpfung der Republik bzw. ihrer politischen Repräsentanten oder Vorbereitung zum Hochverrat, insbesondere eine erhebliche Gefährdung der öffentlichen Sicherheit und Ordnung. So wurden nach dem Mord an Außenminister Rathenau im Jahre 1922 NSDAP, Großdeutsche Arbeiterpartei und Deutsche Partei verboten. Die NSDAP wurde zunächst in 9 Ländern verboten. Ein reichsweites Verbot erfolgte nach dem Hitler-Putsch durch Notverordnung am 23. November 1923. Die DVFP, die 1922 gegründet worden war, wurde ein Jahr später in einigen Ländern und schließlich im ganzen Reich als Nachfolgeorganisation der NSDAP aufgelöst. Die KPD wurde zunächst im November 1923 in Bayern, sodann im gesamten Reich verboten (vgl. Grünthaler, Parteiverbote in der Weimarer Republik, S. 253ff.).
[449] Deshalb wird von einer zweifachen Rechtstellung der Parteien aus Vereins- und Staatsrecht gesprochen werden. Das Vereinsrecht galt für die Parteiorganisation, das Verfassungsrecht für Fraktionen. Gründung und Existenz der Parteien fanden ihre Rechtsgrundlage in Art. 124 WRV. Selbständig neben dem Vereinsrecht stand das Wahlrecht als Basis für die staatsrechtliche Bedeutung der Parteien. Rechtsgrundlage bildete hier Art. 21 WRV. Er betraf die Parteien als Wahlvor-bereitungsorganisationen und als Organisationen gewählter Parlamentarier. Das Parteiverbot betraf lediglich die vereinsrechtliche Stellung der Parteien. Vereins- und staatsrechtliche Sphären waren jedoch streng getrennt. Die staatsrechtliche Bedeutung wurde deshalb auch nicht als Fortsetzung der vereinsrechtlichen Tätigkeit angesehen, sondern als völlig selbständiger Aspekt (vgl. Gusy, Die Weimarer Reichsverfassung, S. 121f.).
[450] Vgl. Gusy, Die Weimarer Reichsverfassung, S. 124.
[451] RGBl I, S. 585.
[452] Die Folge war die Kapitulation des Staates vor den verfassungsfeindlichen Parteien: Die preußische Regierung hob deshalb das DVFP-Vebot Ende Februar 1924, das der NSDAP nach deren Einzug in den Reichstag im Dezember 1924 auf . In den Jahren nach 1924 kam es nur noch zu Verboten einzelner Ortsgruppen und Untergliederungen, die selten überregionale Bedeutung erlangten (vgl. Grünthaler, Parteiverbote in der Weimarer Republik, S. 250f.).
[453] Vgl. Fromme, Von der Weimarer Reichsverfassung zum Bonner Grundgesetz, S. 170.

1928 konnte Joseph Goebbels deshalb in der von ihm gegründeten Zeitung „Der Angriff" ohne Angst vor möglichen Konsequenzen offen die Ziele der Nationalsozialisten darlegen: „Wir gehen in den Reichstag hinein, um uns im Waffenarsenal der Demokratie mit deren eigenen Waffen zu versorgen. Wir werden Reichstagsabgeordnete, um die Weimarer Gesinnung mit ihrer eigenen Unterstützung lahmzulegen. Wenn die Demokratie so dumm ist, uns für diesen Bärendienst Freikarten und Diäten zu geben, so ist das ihre Sache. Wir kommen als Feinde! Wie der Wolf in die Schafsherde einbricht, so kommen wir"[454].

Klar sah der Parlamentarische Rat die deutliche Gefahr einer Wiederholung der Weimarer Ereignisse bereits in naher Zukunft auf die Republik zukommen. So erklärte der Abgeordnete Otto Suhr (SPD) im Organisationsausschuss: „Im Hinblick auf die Erfahrungen in der Ostzone und die Tendenzen, die in Berlin herrschend sind und von denen ich glaube, daß sie sich vielleicht auch in Westdeutschland auswirken könnten, müssen wir alles versuchen, um einen Missbrauch der Demokratie und des Parteiwesens zu verhindern"[455]. Rudolf Katz (SPD) sah deshalb in Art. 21 Abs. 2 GG das notwendige Instrument, um den Bestand der Verfassungsordnung zu gewährleisten: „Wir haben damit zu rechnen, daß in Kürze verkappte Diktaturparteien der Kommunisten und Nationalsozialisten auftauchen werden; in gewissen Formen sind sie vielleicht heute schon da. Daher halte ich eine Bestimmung für notwendig, die ein sofortiges Einschreiten gegen solche Parteien zulässt"[456].

Mit Art. 21 Abs. 2 GG eröffnete der Parlamentarische Rat deshalb die Möglichkeit, antidemokratische Parteien bereits im ersten Stadium ihres Entstehens dauerhaft aus dem politischen Prozess auszuschließen und mit dem Verdikt der Verfassungswidrigkeit zu belegen[457]: „Verfassungsfeindliche Parteien sollen deshalb frühzeitig ausgeschaltet werden können; das freie Spiel der politischen Kräfte in der Demokratie soll dort eine Grenze finden, wo deren Gegner mit den Mitteln der Demokratie die Demokratie zu beseitigen suchen; das Grundgesetz sucht dieses Problem der Grenzen freiheitlicher Demokratie im Sinne seiner Entscheidung für eine ‚streitbare Demokratie' zu lösen"[458].

---

[454] Goebbels, Was wollen wir im Reichstag?, S. 1f.
[455] Abg. Dr. Suhr (SPD), 6. Sitzung des Organisationsausschusses vom 24. September 1948, abgedruckt in: Der Parlamentarische Rat 1948-1949, Bd. 13/I, S. 168 (Nr. 6).
[456] Abg. Dr. Katz (SPD), ebda., S. 174.
[457] Vgl. Hesse, Grundzüge des Verfassungsrechts der Bundesrepublik Deutschland, S. 283.
[458] Ebda., S. 281f.

Art. 21 Abs. 2 GG unterscheidet sich somit gegenüber der Weimarer Rechtslage in dreifacher Hinsicht: Erstens wurde mit ihm eine Spezialregelung auf Verfassungsebene getroffen, während in der Weimarer Zeit Parteiverbote entweder auf Spezialgesetze oder auf Art. 48 Abs. 2 WRV gestützt waren, zweitens ist ein Entscheidungsmonopol beim Bundesverfassungsgericht geschaffen worden, während in der Weimarer Republik Reichs- und Landesbehörden nebeneinander oder nacheinander zuständig waren und drittens ist die in dem Verbotsverfahren getroffene Entscheidung endgültig, während die in der Weimarer Republik ergangenen Parteiverbote nur temporär waren[459].

---

[459] Vgl. Ipsen, in: Sachs, Grundgesetz, Art. 21, Rdnr. 148; Das Verfahren ist in den §§ 13 Nr. 2, 43ff. BVerfGG geregelt. Antragsberechtigt sind gem. § 43 Abs. 1 BVerfGG Bundestag, Bundesrat und Bundesregierung. Die Antragstellung erfolgt nach pflichtgemäßen Ermessen der Antragsberechtigten (vgl. BVerfGE 5, 85 [113]). Im Schrifttum wird allerdings auch die Auffassung vertreten, dass kein Ermessen bei der Antragsstellung vorliegt, wenn Parteien bei Vorliegen der Verbotsvoraussetzungen verfassungswidrig sind. In diesem Falle bestünde vielmehr eine verfassungsrechtliche Pflicht zur Antragstellung (vgl. Ipsen, in: Sachs, Grundgesetz, Art. 21, Rdnr. 173 m. w. N.). Als Antragsgegner kommen nur politische Parteien i. S. d. § 2 PartG. in Betracht. Der Antrag ist begründet, wenn der Antragsgegner in kämpferisch-aggressiver Weise darauf ausgeht, d. h. darauf hinarbeitet, die freiheitliche demokratische Grundordnung zu beeinträchtigen oder zu beseitigen (vgl. BVerfGE 5, 85 [141]). In der nach einem Vorverfahren gem. § 45 BVerfGG und der Durchführung des Hauptverfahrens ergehenden Entscheidung stellt das BVerfG die Verfassungswidrigkeit der politischen Partei gem. § 46 Abs. 1 BVerfGG fest. Dafür ist nach § 15 Abs. 4 S. 1 BVerfGG eine Zweidrittelmehrheit der Mitglieder des Senats erforderlich. Gem. § 46 Abs. 2 BVerfGG ist mit der Feststellung der Verfassungswidrigkeit die Auflösung der Partei und das Verbot, eine Ersatzorganisation zu gründen, verbunden. Außerdem kann das Bundesverfassungsgericht die Einziehung des Vermögens der Partei aussprechen. Die Entscheidung des BVerfG wirkt konstitutiv, d. h. erst von diesem Zeitpunkt an kann gegen die Partei vorgegangen werden, und dieses Vorgehen darf auch nicht an Tatbestände anknüpfen, die vor dem Spruch des Bundesverfassungsgerichts liegen (vgl. BVerfGE 12, 296 [306f.]). Die Folgen von § 46 Abs. 3 BVerfGG sind nicht nur verfassungsrechtlich zulässig, sondern zwingend: Nach Auffassung des BVerfG stellen sie die normale, typische und adäquate Folge der Feststellung der Verfassungswidrigkeit dar (vgl. BVerfGE 5, 85 [391]). Der Vollzug des Parteiverbots richtet sich nach §§ 32, 33 PartG. Sofern die verbotene Partei im Deutschen Bundestag mit Abgeordneten vertreten war, verlieren diese mit dem Urteil gem. § 46 Abs. 4 S. 1 BWahlG ihre Mandate und die Listennachfolger ihre Anwartschaft. Soweit die Abgeordneten über eine Landesliste in den Bundestag gelangt sind, bleiben diese gem. § 46 Abs. 4 S. 3 BWahlG unbesetzt. Eine Wiederzulassung verbotener Parteien ist rechtlich nicht vorgesehen, da die verbotene Partei nach der Entscheidung des BVerfG nicht mehr existiert. In Betracht käme eine Neugründung in Betracht, die allerdings an § 33 PartG scheitern könnte, wenn die „neue" Partei mit dem alten Programm und Personal eine Zulassung beantragt und somit als Ersatzorganisation anzusehen wäre (vgl. Ipsen, Staatsrecht I, S. 68f.).
In der Geschichte der Bundesrepublik Deutschland ist es bisher zu drei Verbotsverfahren gekommen: Die beiden ersten Verfahren in den 1950er Jahren waren erfolgreich. SRP (vgl. BVerfGE 2,1ff.) und KPD (vgl. BVerfGE 5, 85ff.) wurden verboten. Das im Jahre 2001 eingeleitete Verfahren gegen die NPD wurde im März 2003 eingestellt, da die Beobachtung der Partei durch V-Leute der Verfassungsschutzbehörden, die unmittelbar vor bzw. während der Einleitung des Verfahrens im Parteivorstand vertreten waren, gegen rechtsstaatliche Grundsätze und nicht behebbares Verfahrens-hindernis darstellen. Die Partei den Karlsruher Richterspruch zufolge vor der Antragstellung „staatsfrei" sein und die geheimdienstlichen Aktivitäten hätten ebenfalls zuvor eingestellt werden müssen (vgl. BVerfGE 107, 339). Allerdings ist mit der Einstellung des Verfahrens nicht die Verfassungsmäßigkeit der Partei festgestellt worden. Vielmehr kann, da keine rechtskräftige Sachentscheidung getroffen wurde, jederzeit von den Antragsberechtigen ein neuer Antrag auf Einleitung eines Parteiverbotsverfahrens gegen die NPD gestellt werden (vgl. Ipsen, Staatsrecht I, S. 68f. m. w. N.). Die Frage nach der Zulässigkeit der Wiedergründung einer verbotenen Partei beschäftigte die Rechtslehre bereits in den 1960er Jahren: 1968 kam es zur

e) Die Verfassungstreue der Beamten wurde vom Parlamentarischen Rat im Grundgesetz nicht explizit geregelt. Die Verpflichtung des Beamtentums zur Treue gegenüber der Verfassung ergibt sich aber aus Art. 33 Abs. 5 GG, der auf die hergebrachten Grundsätze des Beamtentums verweist[460]. Das Bundesverfassungsgericht hat im Zusammenhang mit der Auslegung des Art. 33 Abs. 5 GG die Feststellung getroffen, dass die hergebrachte Treuepflicht des Beamten unter der Geltung des Grundgesetzes durch die Entscheidung für die streitbare Demokratie besonderes Gewicht erhält: „Diese Grundentscheidung der Verfassung schließt es aus, daß der Staat, dessen verfassungsmäßiges Funktionieren von der freien inneren Bindung seiner Beamten an die geltende Verfassung abhängt, zum Staatsdienst Bewerber zulässt und im Staatsdienst Bürger belässt, die die freiheitliche demokratische, rechts- und sozialstaatliche Ordnung ablehnen oder bekämpfen"[461].

f) Art. 61 Abs. 1 S. 1 GG sieht vor, dass Bundestag oder Bundesrat den Bundespräsidenten wegen vorsätzlicher Verletzung des Grundgesetzes oder eines anderen Bundesgesetzes vor dem Bundesverfassungsgericht anklagen können[462]. Zielsetzung auch dieser Vorschrift ist die Sicherung der verfassungsrechtlichen Ordnung[463]. Art 61 GG entspricht im wesentlichen Art. 59 WRV, der die Möglichkeit eröffnete, Anklage gegen

---

Gründung der DKP, die personell und programmatisch identisch mit der verbotenen KPD war, sich allerdings etwas weniger aggressiv-kämpferisch bezüglich der bestehenden Verfassungsordnung gab. Die neue Ostpolitik der Bundesregierung führte allerdings dazu, dass diese Neugründung hingenommen, wenn nicht sogar bis zu einem gewissen Grade gefördert wurde. Rechtliche Schritte unterblieben deshalb (vgl. Maurer, Staatsrecht I, S. 763f. m. w. N.).
[460] Vgl. BVerfGE 25, 44 (57f.).
[461] Ebda.; Zur Verfassungstreue der Beamten: Vgl. Ipsen, Staatsrecht I, S. 336f. m. w. N.
[462] Das Verfahren vor dem BVerfG ist in den §§ 49ff. BVerfGG geregelt. Das BVerfG entscheidet auf Antrag des Bundestags oder Bundesrats, die gem. Art. 61 Abs. 1. S. 3 GG über den Antrag mit der Mehrheit von mindestens zwei Dritteln ihrer Mitgliederzahl beschließen müssen. Gem. Art. 61 Abs. 2 GG, § 56 BVerfGG stellt das BVerfG fest, ob der Bundespräsident sich einer Rechtsverletzung schuldig gemacht hat und kann darüber hinaus den Bundespräsidenten seines Amtes für verlustig erklären Das BVerfG kann gem. § 53 BVerfGG den Bundespräsidenten durch Erlass einer einstweiligen Anordnung vorläufig an der weiteren Amtsausübung hindern. Praktische Bedeutung hat das Anklageverfahren allerdings in der Geschichte der Bundesrepublik Deutschland noch nicht erlangt (vgl. Schlaich/Korioth, Das Bundesverfassungsgericht, S. 183f.).
[463] Vgl. Wolfrum, in: BK, Art. 61 (Zweitb. 1988), Rdnr. 2.; Teils wird Art 61 GG im Schrifttum als „Überreaktion des Verfassungsgebers" nach den Weimarer Erfahrungen bezeichnet und das Amtsenthebungsverfahren als unnötig abgetan (vgl. Herzog, in Maunz/Dürig, Grundgesetz, Art. 61, Rdnr. 8). Gleichwohl ist die Präsidentenanklage, so unwahrscheinlich auch ihr Eintritt sein mag, nicht sinnlos und noch weniger als Überreaktion abzutun: Amtsinhaber müssen in einer Demokratie absetzbar sein. Denn es gehört zum Wesen einer Demokratie, dass anvertraute Staatsgewalt bei missbräuchlichem Gebrauch wieder entzogen werden kann (vgl. Ipsen, Staatsrecht I, S. 338).

den Reichspräsidenten vor dem Staatsgerichtshof wegen vorsätzlichem oder fahrlässigem Handeln zu erheben[464].

g) Art. 73 Abs. 1 Nr. 10 a. F. weist dem Bund die ausschließliche Gesetzgebung über die Zusammenarbeit des Bundes und der Länder im Verfassungsschutz zu. Mit Art. 87 Abs. 1 S. 2 GG a. F. ermächtigte der Parlamentarische Rat den Bund zur Einrichtung einer Zentralstelle zur Sammlung von Unterlagen zum Zwecke des Verfassungsschutzes[465]. Diese Bestimmungen gehen maßgeblich auf die westlichen Besatzungsmächte zurück, die eine kommunistische Unterwanderung der in der Gründungsphase befindlichen Bundesrepublik Deutschland befürchteten. In ihrem sog. Polizeibrief an den Präsidenten des Parlamentarischen Rates, Konrad Adenauer, im April 1949 gestatteten die Militärgouverneure die Errichtung einer „Stelle zur Sammlung und Verwertung von Auskünften über umstürzlerische gegen die Bundesrepublik Deutschland gerichtete Tätigkeiten[466].

h) Einen „transformierten Rest des Art. 48 WRV"[467] stellt Art. 91 GG dar. Er sieht vor, dass der Bund sich bei Gefahr für die freiheitliche demokratische Grundordnung in einem Land die Polizeikräfte dieses Landes, oder anderer Länder unterstellen kann. Nach Art. 48 Abs. 1 WRV konnte der Reichspräsident ein in der Erfüllung seiner Rechtspflicht säumiges Land mit Hilfe der bewaffneten Macht zu dieser Erfüllung im Wege der Reichsexekutive anhalten. Art. 91 GG hingegen ist deutlich enger gefasst, den Vorschlag des Herrenchiemseer Verfassungskonventes, im Falle des inneren Notstandes der Bundesregierung ein Notverordnungsrecht zu gewähren[468], wollte der Parlamentarische Rat bewusst nicht übernehmen[469].

Im Gegensatz zu Art. 48 WRV sieht Art. 91 GG deshalb nicht die Möglichkeit einer Grundrechtssuspension in Krisensituationen vor und begründet auch kein materielles Ausnahmerecht, sondern „berührt bundesstaatliche Strukturen durch Kompetenzverlagerung zwischen Bund und Ländern im Bereich der vollziehenden Gewalt zur konzent-

---

[464] Vgl. Pernice, in: Dreier, Grundgesetz, Bd. 2, Art. 61, Rdnr. 2f.; zu der von den Nationalsozialisten erwogenen Anklage Reichspräsident von Hindenburgs: Vgl. Strenge, Machtübernahme, S. 92ff.
[465] Unter Zentralstellen sind Behörden zu verstehen, die für das gesamte Bundesgebiet zuständig sind und unmittelbar einem Ministerium nachgeordnet sind (vgl. Badura, Staatsrecht, S. 629f.).
[466] Vgl. Protokoll der Interfraktionellen Besprechung vom 5. Mai 1949 (10:00 Uhr), 2. Polizeiwesen und Sicherheitsfragen, abgedruckt in: Der Parlamentarische Rat 1948-1949, Bd. 11, S. 271 (Nr. 54).
[467] Fromme, Von der Weimarer Reichsverfassung zum Bonner Grundgesetz, S. 175.
[468] Vgl. Art. 111 HChE, abgedruckt in: Der Parlamentarische Rat 1949-1949, Bd. 2, S. 604 (Nr. 14).
[469] Vgl. Fromme, Von der Weimarer Reichsverfassung zum Bonner Grundgesetz, S. 175f. m. w. N.

rierten, gezielten Bekämpfung der drohenden Gefahr"[470]. Zudem ist gem. Art. 91. Abs. 2. S. 2 GG die Anordnung nach Beseitigung der Gefahr oder auf Verlangen des Bundesrates jederzeit aufzuheben. Ein dauerhafter Ausnahmezustand, der die Gesetzgebungskompetenzen dauerhaft verändert, kann mit Art. 91 GG somit nicht geschaffen werden[471].

i) Art. 98 Abs. 2 S. 1 GG sieht vor, dass die Versetzung eines Bundesrichters in ein anderes Amt oder in den Ruhestand angeordnet werden kann, wenn der Richter im Amte oder außerhalb des Amtes gegen die Grundsätze des Grundgesetzes oder gegen die verfassungsmäßige Ordnung eines Landes verstößt. Im Falle eines vorsätzlichen Verstoßes kann sogar gem. Art. 98 Abs. 2 S. 2 auf Entlassung erkannt werden. Dadurch wird unter Einschränkung der in Art. 97 Abs. 2 GG gewährleisteten Unabsetzbarkeit und Unversetzbarkeit der Richter die Möglichkeit eröffnet, der Gefahr entgegenzuwirken, die sich für die Geltung der Grundsätze des Grundgesetzes sowie für die verfassungsmäßige Ordnung eines Landes und damit insbesondere für die freiheitliche Demokratie daraus ergeben kann, dass sich Richter gegen sie wenden.

Art. 98 Abs. 5 GG ermächtigt zudem die Länder, für Landesrichter eine Art. 98 Abs. 2 GG entsprechende Regelung in den Landesverfassungen zu treffen, wenn der Richter gegen die Grundsätze des Grundgesetzes oder die verfassungsmäßige Ordnung der Länder verstößt. Art. 98 Abs. 2 GG geht maßgeblich auf den Abg. Zinn (SPD) zurück und wurde äußerst kontrovers diskutiert[472]. Wie in den Fällen der Grundrechtsverwirkung, des Parteiverbots und der Präsidentenanklage wurde auch in diesem Verfassungsschutzverfahren dem Bundesverfassungsgericht die Entscheidungsgewalt zugewiesen, das zudem gem. Art. 98 Abs. 2 S. 1 nur mit Zweidrittelmehrheit eine solche Anordnung treffen kann. Antragsberechtigt ist gem. Art. 98 Abs. 1 S. 1 GG nur der Bundestag[473].

j) Art. 143 GG a. F. enthielt ursprünglich eine Strafvorschrift für Hochverrat, die gem. Art. 143 Abs. 6 GG bis zu einer anderweitigen Regelung durch Bundesgesetz galt[474]. Gem. Art. 143 Abs. 1 GG war die Änderung der verfassungsmäßigen Ordnung des

---

[470] Windthorst, in: Sachs, Grundgesetz, Art. 91, Rdnr. 2.
[471] Vgl. ebda.
[472] Vgl. Schulze-Fielitz, in: Dreier, Grundgesetz, Bd. 3, Art. 98, Rdnr. 8 m. w. N.
[473] Auch eine Richteranklage wurde bislang noch nicht erhoben (vgl. Herzog, in: Maunz/Dürig, Grundgesetz, Art. 98, Rdnr. 15f.).
[474] Durch das Strafrechtsänderungsgesetz vom 30. August 1951 (BGBl I, S. 739) wurde Art. 143 GG a. F. aufgehoben.

Bundes oder eines Landes mit Gewalt oder durch Drohung mit Gewalt mit bis zu lebenslänglicher Zuchthausstrafe bewehrt.

3.5 Zusammenfassung

Viele im Grundgesetz enthaltene Regelungen stellen eine direkte Reaktion auf die strukturellen Schwächen der Weimarer Reichsverfassung dar, denen der Parlamentarische Rat erheblich Schuld an der Etablierung der Diktatur zumaß: „Wir wissen zu genau, dass hinter der Krise des demokratischen Systems der Diktator lauert. Wenn der Apparat, den wir jetzt aufstellen, nicht funktioniert, wenn die Spielregeln, die wir jetzt schaffen, nicht zu einem guten demokratisch-politischen Erfolg führen, dann wird am Horizont der nächste Diktator auftauchen"[475].

Krisenfestigkeit des politischen Systems bedeute für den Parlamentarischen Rat die notwendige Voraussetzung für eine erfolgreiche Diktaturverhütung. So unterscheiden sich die Befugnisse des Bundespräsidenten fundamental von denen des Reichspräsidenten. Weder erhielt er ein Notverordnungsrecht noch wurde ihm eine Volkswahl zugebilligt. Der Bundeskanzler ist nur vom Vertrauen des Bundestages abhängig, nicht auch vom Vertrauen des Bundespräsidenten. Auch reicht es nicht aus, dem Bundeskanzler lediglich das Misstrauen des Parlamentes auszusprechen, um seinen Rücktritt zu erzwingen. Zudem ist eine vorzeitige Auflösung des Bundestages nur in engen Grenzen möglich. Der materiale Kern der Verfassung – Art. 1 und 20 GG - wird vom Grundgesetz nicht nur in Art. 79 Abs. 3 GG ausdrücklich genannt, sondern auch einer legalen Änderung durch den verfassungsändernden Gesetzgeber entzogen. Die Erfahrung der Diktatur führte zudem zu umfangreichen Sicherungen gegen Macht- und Freiheitsmissbrauch im Grundgesetz.

Ein äußerlich legal erscheinender Umsturz ist deshalb mit dem Grundgesetz nicht möglich. Das Ermächtigungsgesetz könnte, heute zu Stande gekommen, keine Legalität für sich beanspruchen und wäre erkennbar verfassungswidrig: Gem. Art. 79 Abs. 1 GG muss der Wortlaut des Grundgesetzes ausdrücklich ergänzt oder geändert werden. Verfassungsdurchbrechungen außerhalb des Textes des Grundgesetzes sind damit

---

[475] Abg. Dr. Katz (SPD), 7. Sitzung des Plenums vom 21. Oktober 1948, abgedruckt in: Der Parlamentarische Rat 1949-1949, Bd. 9, S. 231 (Nr. 7).

ausgeschlossen. Art. 79 Abs. 3 GG beschränkt zudem die Befugnisse des verfassungsändernden Gesetzgebers. Zu den von Art. 79 Abs. 3 GG geschützten Grundsätzen gehört u. a. das Gewaltenteilungsprinzip. Eine Aufhebung der Gewaltenteilung würde deshalb gegen Art. 79 Abs. 3 GG verstoßen und wäre somit verfassungswidrig und damit nichtig. Eine so weitreichende Übertragung von Rechtsetzungsbefugnissen auf die Exekutive wäre zudem auch bei Beschränkung der Ermächtigung auf die Setzung von untergesetzlichem Recht nicht mehr von den engen Voraussetzungen des Art 80 Abs. 1 S. 1 GG gedeckt und deshalb ebenfalls verfassungswidrig.

Zudem könnte die Wiederholung einer legalen Machtübernahme durch eine verfassungswidrige Partei vorzeitig mit den Instituten der abwehrbereiten Demokratie entgegengewirkt werden. Art. 21 Abs. 2 GG ermöglicht eine offenkundig verfassungsfeindliche Partei durch ein erfolgreiches Parteiverbotsverfahren vor dem Bundesverfassungsgericht dauerhaft aus dem politischen Prozess zu entfernen.

4 Schlussbetrachtung: Die freiheitlichste deutsche Verfassung

Das Ermächtigungsgesetz vom 24. März 1933 stellt eine tiefgreifende Zäsur in der deutschen Verfassungsgeschichte dar. Es beseitigte die bestehende Verfassungsordnung und schuf die Voraussetzungen für die Entstehung des Führerstaates[476]. Die Ermächtigung der Reichsregierung Hitler zum Erlass von Regierungsgesetzen war gleichbedeutend mit der ‚Entmächtigung' der Weimarer Reichsverfassung[477]. Es bedurfte der Alliierten, um den durch das Ermächtigungsgesetz geschaffenen Zustand permanenten Unrechts zu beenden. Erst als Deutschland militärisch besiegt war, bot sich ihm die Chance auf einen Neuanfang. Als „erlöst und vernichtet in einem"[478], beschrieb Theodor Heuss im Parlamentarischen Rat treffend die Situation der Deutschen. Deutschland hatte nicht nur militärisch versagt, es hatte sich vor allem moralisch schuldig gemacht.

Das Ermächtigungsgesetz vom 24. März 1933 und seine dramatischen Folgen für den deutschen Verfassungszustand zwangen den Parlamentarischen Rat zum Nachdenken über das Verhältnis von staatlicher Macht, Verfassung und gesellschaftlicher Freiheit. Der Parlamentarische Rat verwendete einen großen Teil seiner Beratungen darauf, eine tiefgreifende Ursachenerforschung für das Scheitern der ersten deutschen Demokratie zu betreiben und daraus die richtigen Schlüsse für die zu erarbeitende Verfassung zu ziehen[479]. Insbesondere dem Weimarer Verfassungsgeber wurde im Rahmen dieser Ursachenerforschung, Versagen zur Last gelegt. Ihm war es nach Ansicht des Parlamentarischen Rates nicht gelungen, der Weimarer Republik Krisenfestigkeit, Regierungsstabilität und Abwehrfähigkeit gegen ihre Feinde zu verleihen[480].

Viele Regelungen des Grundgesetzes stehen deshalb in einem „gewollten Gegensatz"[481] zu den Bestimmungen der Weimarer Reichsverfassung: „Die Normen des vom Parlamentarischen Rat geschaffenen Grundgesetzes für die Bundesrepublik Deutschland verraten ein Staatsverständnis, das sich bewußt von den Negativerfahrungen in der Weimarer Republik und in der nationalsozialistischen Diktatur abhebt: Das Bekenntnis zur wertgebundenen demokratischen Grundordnung ist in Art. 20 GG und in Art. 28 GG

---

[476] Vgl. Frotscher/Pieroth, Verfassungsgeschichte, S. 310.
[477] Vgl. Bickenbach, Vor 75 Jahren, S. 199.
[478] Abg. Dr. Heuss (FDP), Zehnte Sitzung des Plenums vom 8. Mai 1949, abgedruckt in: Der Parlamentarische Rat, Bd. 9, S. 542 (Nr. 10).
[479] Vgl. Fromme, Von der Weimarer Reichsverfassung zum Bonner Grundgesetz, S. 10f.
[480] Vgl. Otto, Das Staatsverständnis des Parlamentarischen Rates, S. 136f.
[481] Jellinek, Kabinettsfrage und Gesetzgebungsnotstand nach dem Grundgesetz, S. 5.

offen ausgesprochen, die Unveräußerlichkeit konstitutiver Verfassungsgrundsätze wird in Art. 79 GG garantiert und an die Stelle von Strukturdefekten der Weimarer Reichsverfassung sind im Grundgesetz eindeutige Lösungen getreten"[482]. Hinzu kamen umfangreiche Verfassungsschutzbestimmungen, die verfassungsfeindliche Aktivitäten von Parteien, Vereinigungen und Einzelnen bereits im Anfangsstadium unterbinden sollen, um die freiheitliche demokratische Grundordnung vor einer Beeinträchtigung oder Beseitigung zu beschützen.

Dennoch wurde die „Verfassung der noch einmal Davongekommenen"[483] die freiheitlichste Verfassung, die Deutschland bis dahin je bekommen hatte[484]. Freiheit und Demokratie durchziehen leitmotivisch das Grundgesetz[485]. Die Erfahrung der Diktatur verleitete den Parlamentarischen Rat nicht dazu, die Sicherheit und den Bestand des Staates auf Kosten der Freiheit des Einzelnen zu erreichen. Wenn die Bundesrepublik Deutschland heute als „Grundrechtsrepublik Deutschland"[486] bezeichnet wird, legt dies Zeugnis vom erfolgreichen Bemühen des Parlamentarischen Rates ab, die Freiheit zu schützen, ohne sie dabei preiszugeben. Aus der missbrauchbaren Republik der Weimarer Reichsverfassung wurde die abwehrbereite Republik des Grundgesetzes, ohne dabei die Freiheit des Individuums zu gefährden oder einzuengen.

Denn der Parlamentarische Rat schuf eine Republik, die ihre Wehrhaftigkeit aus der ihr übergeordneten Wertorientiertheit ableitet[487]. Im Mittelpunkt der Wertordnung des Grundgesetzes steht nach dem Willen des Parlamentarischen Rates der Mensch und nicht der Staat[488]. Die von ihm angestrebte Regierungsstabilität, Krisen- und Diktaturfestigkeit des Staates stehen nicht im Dienste einer abstrakten Staatsraison, sondern sollen dem Menschen und seiner freien Entfaltung dienen: „'Der Staat ist um des Menschen willen da, nicht der Mensch um des Staates willen.' Dieser Satz des Art. 1 I des Herrenchiemseer Entwurfs zum Grundgesetz läßt sich auch auf die Verfassung übertragen: Das Grundgesetz stellt den Menschen und Bürger in den Mittelpunkt seiner Regelungen, nicht den Staat und seine Organe. Es ist niemals nur Staatsverfassung oder gar

---

[482] Otto, Das Staatsverständnis des Parlamentarischen Rates, S. 212.
[483] Hufen, Staatsrecht II, S. 29.
[484] Vgl. Feldkamp, Der Parlamentarische Rat 1948-1949, S. 183.
[485] Vgl. Abg. Dr. Katz (SPD), Sechste Sitzung des Organisationsausschusses vom 24. September 1948, abgedruckt in: Der Parlamentarische Rat, Bd. 13/II, S. 175 (Nr. 6).
[486] Hufen, Entstehung und Entwicklung der Grundrechte, S. 1504.
[487] Vgl. Groh, Zwischen Skylla und Charybdis, S. 449.
[488] Vgl. Hufen, Entstehung und Entwicklung der Grundrechte, S. 1505.

bloßes Organisationsstatut gewesen, sondern immer zugleich auch Gesellschaftsverfassung. Dadurch, daß es die Grund- und Freiheitsrechte an den Anfang setzt sowie den Schutz und die Achtung der Menschenwürde ausdrücklich zur staatlichen Aufgabe erklärt, bringt es seine Überzeugung zum Ausdruck, auf der eigentlich alle Staats- und Verfassungstheorie aufzubauen hätte: nämlich die Erkenntnis, daß der Staat nicht das Werk von Obrigkeiten oder Regierungen ist, sondern allein die Bürgerinnen und Bürger ihren Staat ‚machen', ihr eigenes politisches Gemeinwesen konstituieren"[489].

Das Grundgesetz wurde seit seinem Inkrafttreten vielen ‚Härtetests' ausgesetzt. Es hat sich auch in Krisensituationen bewährt: Die Verfassungsorgane haben sich an die vom Parlamentarischen Rat vorgegebenen Spielregeln bewusst gehalten. Abweichungen blieben die Ausnahme, echte Verfassungsdurchbrechungen hat es in der Geschichte der Bundesrepublik Deutschland bisher nicht gegeben[490]. Eine Befreiung von den Fesseln des Grundgesetzes hat auch in Stunden höchster Bedrängnis für den Bestand des Staates nicht stattgefunden: Als die terroristische RAF in den 1970er Jahren des letzten Jahrhunderts eine Blutspur durch Deutschland zog und schließlich versuchte, die Bundesregierung durch Geiselnahmen zu einer Freilassung ihres inhaftierten Führungskaders zu bewegen, bediente sich die amtierende Bundesregierung ausschließlich rechtsstaatlicher Mittel, um den Angriff auf die freiheitliche demokratische Grundordnung abzuwehren[491]. Macht ging auch in Krisensituationen nicht über Recht. Der Wille von Politik und öffentlicher Gewalt, die Inhalte der Verfassung ernst zu nehmen, kann deshalb als ungebrochen groß bezeichnet werden[492]. Auch in der Bevölkerung stehen das Grundgesetz und seine Wertentscheidungen in hohem Ansehen, wie Meinungsumfragen und die dauerhaft mehrheitliche Wahl von verfassungstragenden Parteien belegen[493].

Die Weimarer Republik war bestenfalls „der hingenommene Staat"[494], von dessen Verfassung selbst in Zeiten ökonomischer Konsolidierung und außenpolitischer Erfolge keine große normative Kraft ausging[495]. Die Bundesrepublik Deutschland hingegen wurde, wie der Schweizer Publizist Fritz René Allemann bereits 1955 feststellte, schnell der von Politik und Gesellschaft akzeptierte Staat: „Diese innere und äußere Sezession

---

[489] Schneider, 50 Jahre Grundgesetz, S. 1498.
[490] Vgl. Schneider, 50 Jahre Grundgesetz, S. 1501 m. w. N.
[491] Vgl. Winkler, Der lange Weg nach Westen II, S. 334f.
[492] Vgl. Schneider, 50 Jahre Grundgesetz, S. 1502.
[493] Vgl. Rudzio, Das politische System der Bundesrepublik, Deutschland, S. 51.
[494] Vgl. Allemann, Bonn ist nicht Weimar, S. 400.
[495] Vgl. Gusy, Die Weimarer Reichsverfassung, S. 392f.

ganzer Volksschichten vom Staat, an der die Weimarer Republik von ihrem Anfang bis zu ihrem Ende (und, wie gesagt, auch auf der Höhe ihres Weges) zu leiden hatte - sie hat bisher in der Bonner Republik nicht ihresgleichen gefunden. Demokratie und Parlamentarismus mögen da und dort umstritten, sie mögen von manchen Seiten her gefährdet sein, umkämpft sind sie nicht. [...] Es gibt keine große und geschlossene Gruppe von Deutschen mehr, die sich auf ein Aventin zurückzieht und sich außerhalb der bundesrepublikanischen Ordnung stehend empfindet. [...] Der große – und wohl der entscheidende – Unterschied gegenüber der Zeit zwischen 1918 und 1933 liegt darin, daß es heute keine lebendigen Gegenbilder gegen die Idee des demokratisch und parlamentarisch geordneten Gemeinwesens mehr gibt, daß Demokratie und Parlamentarismus, wenn sie nicht als positive Zielsetzungen vom ganzen Volke genommen sind, doch gegebenenfalls als Gegebenheiten hingenommen werden"[496].

Obwohl ursprünglich als bloßes Provisorium gedacht, überlebte das Grundgesetz alle früheren deutschen Verfassungen. Durch den Beitritt der ehemaligen DDR zu seinem Geltungsbereich gem. Art. 23 GG a. F. wurde es auch zur Verfassung des vereinigten Deutschlands. Der vom Parlamentarischen Rat in Art. 146 GG a. F. ermöglichte Weg einer Verfassungsneuschöpfung wurde bewusst nicht gewählt – das Grundgesetz wollten die wenigsten in Politik und Gesellschaft aufgeben. Dieser Weg entsprach auch den Vorstellungen der DDR-Bevölkerung, die für eine freiheitliche Verfassung im Sinne des Grundgesetzes demonstrierte[497].

Das Grundgesetz wurde sogar Vorbild für viele Verfassungen anderer Staaten: Anleihen aus dem Grundgesetz finden sich u. a. in den Verfassungen von Brasilien, Südkorea, Namibia, Griechenland, Spanien, Portugal, Ungarn, Polen und Tschechien[498]. Keine geringe Leistung, wenn man die Ausgangslage des Parlamentarischen Rates im Jahre 1948 bedenkt. Golo Manns Befund von 1970 kann deshalb noch heute Gültigkeit beanspruchen: „Nur blinde Hasser können bestreiten, dass die zweite Republik sich besser bewährt hat als die erste"[499].

---

[496] Vgl. Allemann, Bonn ist nicht Weimar, S. 403ff.
[497] Vgl. Maurer, Staatsrecht I, S. 102.
[498] Vgl. Altenhof, Herzensdemokratie statt Vernunftrepublik, S. 322.
[499] Mann, Von Weimar nach Bonn, S. 25.

5 Literaturverzeichnis

Adenauer, Konrad: Erinnerungen: 1945 - 1953. Stuttgart: DVA, 1965.

Allemann, Fritz René: Bonn ist nicht Weimar. Hrsg. von Xenia v. Bahder. Frankfurt am Main: R. G. Fischer, 2000.

Altenhorf, Ralf: Herzensdemokratie statt Vernunftrepublik. Die Erfolgsgeschichte der Bundesrepublik, in: ZfP 47 (2000), S. 318 – 362.

Anschütz, Gerhard: Die Verfassung des Deutschen Reichs vom 11. August 1919 ; ein Kommentar für Wissenschaft und Praxis. Neudruck der 14. Aufl., Berlin, Stilke, 1933. Aalen: Scientia-Verlag, 1987.

Anschütz, Gerhard / Thoma, Richard (Hrsg.): Handbuch des Staatsrechts. Zweiter Band. Tübingen: Mohr, 1932.

Badura, Peter: Staatsrecht. Systematische Erläuterung des Grundgesetzes. München: C.H. Beck, 3. Auflage, 2003.

Benda, Ernst / Klein, Eckart: Verfassungsprozeßrecht: Ein Lehr- und Handbuch. Heidelberg: C. F. Müller, 2., völlig neubearbeitete Auflage, 1981.

Benz, Wolfgang: Geschichte des Dritten Reichs. München: C. H. Beck, 2000.

Benz, Wolfgang: Die Rolle Weimars in der Verfassungsdiskussion und im Parlamentarischen Rat, , in: Gusy, Christoph (Hrsg.): Weimars lange Schatten – „Weimar" als Argument nach 1945. Baden-Baden: Nomos, 2003, S. 199 – 214.

Bickenbach, Christian: Vor 75 Jahren: Die Entmächtigung der Weimarer Reichsverfassung durch das Ermächtigungsgesetz, in: JuS 2008, S. 199-203.

Biesemann, Jörg: Das Ermächtigungsgesetz als Grundlage der Gesetzgebung im nationalsozialistischen Staat: Ein Beitrag zur Stellung des Gesetzes in der deutschen Verfassungsgeschichte 1919-1945. Münster: Lit Verlag, 2., korrigierte Auflage, 1987.

Bracher, Karl Dietrich: Die Auflösung der Weimarer Republik : eine Studie zum Problem des Machtverfalls in der Demokratie. Königstein / Ts.: Athenäum, Unveränderte mit einer Einleitung zur Taschenbuchausgabe. und einer Ergänzung zur Bibliographie versehener Nachdruck der 5. Auflage 1971, 1978.

Brecht, Arnold: Vorspiel zum Schweigen: Das Ende der deutschen Republik. Wien: Verlag für Geschichte und Politik, 1948.

Broszat, Martin: Der Staat Hitlers: Grundlegung und Entwicklung seiner inneren Verfassung. München: dtv, 15.Auflage, 2000.

Brüning, Heinrich: Memoiren 1918-1934. Stuttgart: Deutsche Verlags-Anstalt, 1970.

Degenhart, Christoph: Staatsrecht I. Staatszielbestimmungen, Staatsorgane, Staatsfunktionen. Heidelberg: C. F. Müller, 8., neubearbeitete Auflage, 1992.

Denninger, Erhard: „Streitbare Demokratie" und Schutz der Verfassung, in: Benda, Ernst / Maihofer, Werner / Vogel, Hans-Jochen (Hrsg.): Handbuch des Verfassungsrecht (1). Berlin: De Gruyter, 2. Auflage, 1994, S. 675 - 716.

Dolzer, Rudolf / Waldhoff, Christian / Graßhof, Karin (Hrsg.): Bonner Kommentar zum Grundgesetz. Gegründet 1950. Heidelberg: C. F. Müller, 2008 (135. Aktualisierung).

Dreher, Eduard: Das parlamentarische System des Bonner Grundgesetzes im Vergleich zur Weimarer Reichsverfassung, in: NJW 1950, S. 130 - 133.

Dreier, Horst (Hrsg.): Grundesetz. Kommentar. Band I: Art. 1 – 19. Tübingen: Mohr Siebeck, 1996.

Dreier, Horst (Hrsg.): Grundgesetz. Kommentar. Band II: Art. 20 – 82. Tübingen: Mohr Siebeck, 2. Auflage, 2006.

Dreier, Horst (Hrsg.): Grundgesetz: Kommentar. Band III: Art. 83 – 146. Tübingen: Mohr Siebeck, 2000.

Dreier, Horst: Die deutsche Staatsrechtslehre in der Zeit des Nationalsozialismus, in: Veröffentlichungen der Vereinigung der Deutschen Staatsrechtslehrer (VVDStRL 60), Berlin: De Gruyter, 2001, S. 9 – 72.

Ehmke, Horst: Grenzen der Verfassungsänderung. Berlin: Duncker & Humblot, 1953.

Falter, Jürgen W.: Hitlers Wähler. München: C. H. Beck, 1981.

Feldkamp, Michael F.: Der Parlamentarische Rat 1948-1949: Die Entstehung des Grundgesetzes. Göttingen: Vandenhoeck & Ruprecht, 1998.

Fest, Joachim C.: Hitler. Eine Biographie. Frankfurt am Main [u. a.]: Propyläen,1973.

Fromme, Friedrich Karl: Von der Weimarer Verfassung zum Bonner Grundgesetz: Die verfassungspolitischen Folgerungen des Parlamentarischen Rates aus Weimarer Republik und nationalsozialistischer Diktatur. Berlin: Duncker & Humblot, 3. Auflage, 1999.

Frotscher, Werner / Pieroth, Bodo: Verfassungsgeschichte. München: C. H. Beck, 6. Auflage, 2007.

Goebbels, Joseph: Vom Kaiserhof zur Reichskanzlei. Eine historische Darstellung in Tagebuchblättern (Vom 1. Januar 1932 bis zum 1. Mai 1933). München: Zentralverlag der NSDAP, Franz Eher Nachfahren, 41. Auflage, 1943.

Goebbels, Joseph: Was wollen wir im Reichstag?, in: Der Angriff vom 30. April 1928, S. 1 - 2.

Görtemaker, Manfred: Kleine Geschichte der Bundesrepublik Deutschland. München: C.H. Beck, 2002.

Groh, Kathrin: Zwischen Skylla und Charybdis: Die streitbare Demokratie, in: Gusy, Christoph (Hrsg.): Weimars lange Schatten - „Weimar" als Argument nach 1945. Baden-Baden: Nomos, 2003, S. 425 - 454.

Grünthaler, Mathias: Parteiverbote in der Weimarer Republik. Frankfurt am Main [u. a.]: Lang, 1995.

Gusy, Christoph: Die Weimarer Reichsverfassung. Tübingen: Mohr Siebeck, 1997.

Gusy, Christoph: Weimar – Die wehrlose Republik?: Verfassungsschutzrecht und Verfassungsschutz in der Weimarer Republik. Tübingen: Mohr, 1991.

Hansen, Reimer: Das Ende des Dritten Reiches. Stuttgart: Klett, 1966.

Hermens, Ferdinand Aloys: Demokratie oder Anarchie?: Untersuchung über die Verhältniswahl. Frankfurt am Main: Metzner, 1951.

Hesse, Konrad: Grundzüge des Verfassungsrechts der Bundesrepublik Deutschland. Heidelberg: C. F. Müller, 18., ergänzte Auflage, 1991.

Hildebrand, Klaus: Das Dritte Reich. München: Oldenbourg, 6., neubearbeitete Auflage, 2003.

Hitler, Adolf: Mein Kampf. München: Franz Eher Verlag, 37. Auflage, 1933.

Huber, Ernst Rudolf: Deutsche Verfassungsgeschichte seit 1789. Band 6: Die Weimarer Reichsverfassung. Stuttgart: Kohlhammer, 1981.

Huber, Ernst Rudolf: Deutsche Verfassungsgeschichte seit 1789. Band 7: Ausbau, Schutz und Untergang der Weimarer Republik. Stuttgart: Kohlhammer, 1984.

Huber, Ernst Rudolf: Dokumente zur deutschen Verfassungsgeschichte. Band 4: Deutsche Verfassungsdokumente 1919 - 1933. Stuttgart: Kohlhammer, 3. neubearbeitete Auflage, 1992.

Huber, Ernst Rudolf: Quellen zum Staatsrecht der Neuzeit. Band 2: Deutsche Verfassungsdokumente der Gegenwart (1919 - 1951), Tübingen: Matthiesen, 1951.

Huber, Ernst Rudolf: Verfassungsrecht des Großdeutschen Reiches, 2. stark erweiterte Auflage der „Verfassung". Hamburg: Hanseatische Verlagsanstalt, 1939.

Hufen, Friedhelm: Entstehung und Entwicklung der Grundrechte, in: NJW 1999, S. 1504 – 1510.

Hufen, Friedhelm: Staatsrecht II. Grundrechte. München: C. H. Beck, 2007.

Ipsen, Jörn: Staatsrecht I. Staatsorganisationsrecht. München: Carl Heymanns Verlag, 19. Auflage, 2007.

Ipsen, Jörn: Staatsrecht II. Grundrechte. Köln: Luchterhand, 10. Auflage, 2007.

Isensee, Josef: Abstimmungen, ohne zu entscheiden? Ein Plebiszit über die Verfassung ist nicht vorgesehen und auch nicht wünschenswert, in: Guggenberger, Bernd / Stein, Tine (Hrsg.): Die Verfassungsdiskussion im Jahr der deutschen Einheit. München: Hanser, 1991, S. 214 - 222.

Jarras, Hans D. / Pieroth, Bodo: GG. Grundgesetz für die Bundesrepublik Deutschland. Kommentar. München: C.H. Beck, 8. Auflage, 2007.

Jellinek, Walter: Kabinettsfrage und Gesetzgebungsnotstand nach dem Grundgesetz, in: Veröffentlichungen der Vereinigung der Deutschen Staatsrechtslehrer (VVDStRL 8), Berlin: De Gruyter, 1950, S. 3 – 18.

Kershaw, Ian: Hitler. 1889-1936. Stuttgart: DVA, 2. Auflage, 1998.

Koellreutter, Otto: Der nationale Rechtsstaat, in: DJZ 1933. Sp. 517 – Sp. 522.

Kolb, Eberhard: Die Weimarer Republik. München: Oldenbourg Verlag, 4. Auflage, 2002.

Kröger, Klaus: Einführung in die Verfassungsgeschichte der Bundesrepublik Deutschland. München: C. H. Beck, 1993.

Laqueur, Walter: Weimar. Die Kultur der Republik. Frankfurt am Main [u. a.]: Ullstein, 1977.

Mann, Golo: Von Weimar nach Bonn. 50 Jahre Deutsche Republik. Osnabrück: Verlag A. Fromm, 1970.

Maunz, Theodor: Deutsches Staatsrecht. Ein Studienbuch. München: C. H. Beck, 6. Auflage, 1957.

Maunz, Theodor / Dürig, Günther (Hrsg.): Grundgesetz. Loseblattausgabe. München: C. H. Beck, Stand: Dezember 2007.

Maurer, Hartmut: Staatsrecht I. Grundlagen, Verfassungsorgane, Staatsfunktionen. München: C. H. Beck, 5. Auflage, 2007.

Mehring, Reinhard: Carl Schmitt zur Einführung. Hamburg: Junius, 1992.

Michalka, Wolfgang (Hrsg.): Das Dritte Reich. Dokumente zur Innen- und Außenpolitik. Band 1: „Volksgemeinschaft" und Großmachtpolitik: 1933 – 1939. München: dtv, 1984.

Morsey, Rudolf: Das „Ermächtigungsgesetz" vom 24.März 1933. Göttingen: Vandenhoeck & Rupprecht, 1976.

Morsey, Rudolf: Die Bundesrepublik Deutschland: Entstehung und Entwicklung bis 1969. München: Oldenbourg, 4. Auflage, 2000.

Otto, Volker: Das Staatsverständnis des Parlamentarischen Rates: Ein Beitrag zur Entstehungsgeschichte des Grundgesetzes für die Bundesrepublik Deutschland. Bonn-Bad Godesberg: Kommission für Geschichte des Parlamentarismus und der Politischen Parteien, 1971.

Pauly Walter: Die deutsche Staatsrechtslehre in der Zeit des Nationalsozialismus, in: Veröffentlichungen der Vereinigung der Deutschen Staatsrechtslehrer (VVDStRL 60), Berlin: De Gruyter, 2001, S. 73 – 105.

Parlamentarischer Rat: Verhandlungen des Hauptausschusses. Bonn 1948/49. Bonn (o. J.).

Der Parlamentarische Rat 1948 - 1949: Akten und Protokolle. Herausgegeben für den Deutschen Bundestag von Kurt Georg Wernicke und für das Bundesarchiv von Hans Booms. Band 1: Vorgeschichte. Bearbeitet von Johannes Volker Wagner. Boppard am Rhein: Harald Boldt Verlag, 1975.

Der Parlamentarische Rat 1948 - 1949: Akten und Protokolle. Herausgegeben vom Deutschen Bundestag und vom Bundesarchiv unter Leitung von Kurt G. Wernicke und Hans Booms. Band 2: Der Verfassungskonvent auf Herrenchiemsee. Boppard am Rhein: Harald Boldt Verlag, 1981.

Der Parlamentarische Rat 1948 - 1949: Akten und Protokolle. Herausgegeben vom Deutschen Bundestag und vom Bundesarchiv unter Leitung von Rupert Schick und Friedrich P. Kahlenberg. Band 5 / I: Ausschuß für Grundsatzfragen. Bearbeitet von Eberhard Pikart und Wolfram Werner. Boppard am Rhein: Harald Boldt Verlag, 1993.

Der Parlamentarische Rat 1948 - 1949: Akten und Protokolle. Herausgegeben vom Deutschen Bundestag und vom Bundesarchiv unter Leitung von Rupert Schick und Friedrich P. Kahlenberg. Band 5 / II: Ausschuß für Grundsatzfragen. Bearbeitet von Eberhard Pikart und Wolfram Winter. Boppard am Rhein: Harald Boldt Verlag, 1993.

Der Parlamentarische Rat 1948-1949: Akten und Protokolle. Herausgegeben vom Deutschen Bundestag und vom Bundesarchiv unter Leitung von Rupert Schick und Friedrich P. Kahlenberg. Band 6: Ausschuß für Wahlrechtsfragen. Bearbeitet von Harald Rosenbach. Boppard am Rhein: Harald Boldt Verlag 1994.

Der Parlamentarische Rat 1948 - 1949: Akten und Protokolle. Herausgegeben vom Deutschen Bundestag und vom Bundesarchiv unter Leitung von Rupert Schick und Friedrich P. Kahlenberg. Band 9: Plenum. Boppard am Rhein: Harald Boldt Verlag, 1996.

Der Parlamentarische Rat 1948-1949: Akten und Protokolle. Herausgegeben vom Deutschen Bundestag und vom Bundesarchiv unter Leitung von Rupert Schick und Friedrich P. Kahlenberg. Band 11: Interfraktionelle Besprechungen. Bearbeitet von Michael F. Feldkamp. Boppard am Rhein: Harald Boldt Verlag 1993.

Der Parlamentarische Rat 1948 – 1949: Akten und Protokolle. Herausgegeben vom Deutschen Bundestag und vom Bundesarchiv unter Leitung von Hans-Joachim Stelzl und Hartmut Weber. Band 13/ II: Ausschuß für Organisation des Bundes, Ausschuß für Verfassungsgericht und Rechtspflege. München: Harald Boldt Verlag in der Oldenbourg Wissenschaftsverlag GmbH, 2002.

Pieroth, Bodo / Schlink, Bernhard: Staatsrecht II. Grundrechte. Heidelberg: C.F.Müller, 22., überarbeitete Auflage, 2006.

Pilotry, Robert: Verfassungsänderungen ohne Änderung der Verfassungsurkunde, in: DJZ 1923, Sp.512 – 516.

Poetzsch-Heffter, Fritz: Handkommentar der Reichsverfassung vom 11. August 1919: ein Handbuch für Verfassungsrecht und Verfassungspolitik. Berlin: Liebmann, 3., völlig neubearbeitete und stark vermehrte Aufl., 1928.

Poscher, Ralf: Das Weimarer Wahlrechtsgespenst, in: Gusy, Christoph (Hrsg.): Weimars lange Schatten - „Weimar" als Argument nach 1945. Baden-Baden: Nomos, 2003, S. 256 - 280.

Pyta, Wolfram: „Weimar in der bundesdeutschen Geschichtswissenschaft, in: Gusy, Christoph (Hrsg.): Weimars lange Schatten - „Weimar" als Argument nach 1945. Baden-Baden: Nomos, 2003, S. 21 - 62.

Radbruch, Gustav: Der Relativismus in der Rechtsphilosophie, in: Der Mensch im Recht. Ausgewählte Vorträge und Aufsätze über Grundfragen des Rechts. Göttingen: Vandenhoeck & Ruprecht, 2. unveränderte Auflage, 1961, S. 74 – 87.

Rosenberg, Alfred: Geschichte der Weimarer Republik. Frankfurt am Main: Europäische Verlags-Anstalt, 18. unveränderte Auflage, 1977.

Rudzio, Wolfgang: Das politische System der Bundesrepublik Deutschland. Wiesbaden: VS Verlag, 7., aktualisierte und erweiterte Auflage, 2006.

Sachs, Michael (Hrsg.): Grundgesetz. Kommentar. München: C. H. Beck, 4. Auflage, 2007.

Sattler, Andreas: Die rechtliche Bedeutung der Entscheidung für die streitbare Demokratie: Untersucht unter besonderer Berücksichtigung der Rechtsprechung des Bundverfassungsgerichts. Baden-Baden: Nomos, 1982.

Schlaich, Klaus / Korioth, Stefan: Das Bundesverfassungsgericht. Stellung, Verfahren, Entscheidungen. München: C. H. Beck, 7.,neubearbeitete Auflage, 2007.

Schmid, Carlo: Erinnerungen. Bern [u.a.]: Scherz, 1980.

Schmidt-Belibtreu, Bruno / Hofmann, Hans / Hopfauf, Axel (Hrsg.): GG. Kommentar zum Grundgesetz. München: Carl Heymanns Verlag:, 11. Auflage, 2008.
Schmitt, Carl: Verfassungslehre. München: Duncker & Humblot, 1928.

Schmitt, Carl: Der Hüter der Verfassung. Tübingen: Mohr, 1931.

Schmitt, Carl: Legalität und Legitimität. Berlin: Duncker & Humblot, 1932.

Schmitt, Carl: Das Gesetz zur Behebung der Not von Volk und Reich, in: DJZ 1933, Sp. 453-458.

Schmitt, Carl: Staat, Bewegung, Volk: Die Dreigliederung der politischen Einheit. Hamburg: Hanseatische Verlagsanstalt, 1933.

Schmitt, Carl: Der Führer schützt das Recht. Zur Reichstagsrede Adolf Hitlers vom 13. Juli 1934, in: DJZ 1934, Sp. 945 – 950.

Schneider, Hans: Das Ermächtigungsgesetz, in: Jasper, Gotthard (Hrsg.): Von Weimar zu Hitler. Berlin, 1968, S. 405 - 442.

Schneider, Hans-Peter: 50 Jahre Grundgesetz. Vom westdeutschen Provisorium zur gesamtdeutschen Verfassung, in: NJW 1999, S. 1497 - 1504.

Schulz, Gerhard: Zwischen Demokratie und Diktatur. Verfassungspolitik und Reichsreform in der Weimarer Republik. Bd. 3: Von Brüning zu Hitler. Der Wechsel des politischen Systems in Deutschland 1939-1933. Berlin [u. a.]: de Gruyter, 1992.

Seidl-Hohenveldern, Ignaz: Völkerrecht. Köln [u. a.]: Carl Heymanns Verlag, 7., neubearbeitete Auflage, 1992.

Stern, Klaus: Das Staatsrecht der Bundesrepublik Deutschland. Band 1: Grundbegriffe und Grundlagen des Staatsrechts, Strukturprinzipien der Verfassung. München: C. H. Beck, 2., völlig neubearbeitete Auflage, 1984.

Stern, Klaus: Das Staatsrecht der Bundesrepublik Deutschland. Band 2: Staatsorgane, Staatsfunktionen, Finanz- und Haushaltsverfassung, Notstandsverfassung. München: C. H. Beck, 1980.

Stern, Klaus: Das Staatsrecht der Bundesrepublik Deutschland. Band 5: Die geschichtlichen Grundlagen des deutschen Staatsrechts: Die Verfassungsentwicklung von Alten Deutschen Reich zur wiedervereinigten Bundesrepublik Deutschland. München: C. H. Beck, 2000.

Strauß, Walter: Der Bundespräsident und die Bundesregierung, in: DöV 1948, S. 272 – 276.

Strenge, Irene: Machtübernahme 1933 – Alles auf legalem Weg?. Berlin: Duncker und Humblot, 2002.

Stritzke (o. V.): Was gilt noch von der Weimarer Verfassung?, in: DJZ 1933, Sp. 1163 – 1168.

Thoma, Richard: Die juristische Bedeutung der grundrechtlichen Sätze der deutschen Reichsverfassung im allgemeinen, in: Nipperdey, Hans Carl (Hrsg.): Die Grundrechte und Grundpflichten der Reichsverfassung: Kommentar zum zweiten Teil der Reichsverfassung. Band 1: Allgemeine Bedeutung der Grundrechte und die Artikel 102 – 117. Nachdruck der Ausgabe von 1929. Frankfurt am Main: Keip, 1975, S. 1 –S. 53.

Wadle, Elmar: Das Ermächtigungsgesetz. Eine Erinnerung, in: JuS 1983, S. 170 – 176.

Weber, Werner: Spannungen und Kräfte im westdeutschen Verfassungssystem. Berlin: Duncker und Humblot, 3. erweiterte Auflage, 1970.

Wehner, Herbert: Selbstbesinnung und Selbstkritik. Gedanken und Erfahrungen eines Deutschen. Herausgegeben von August Hermann Leugers-Scherzberg. Mit einem Geleitwort von Greta Wehner. Köln: Kiepenheuer & Witsch, 1994.

Westphalen, Eduard Graf: Vom demokratischen zum autoritären Staat. DJZ 1933, Sp. 933 – 936.

Willoweit, Dietmar: Deutsche Verfassungsgeschichte: Vom Frankenreich bis zur Wiedervereinigung Deutschlands. Ein Studienbuch. München: C. H. Beck, 5. Auflage, 2005.

Winkler, Heinrich August: Der lange Weg nach Westen. Deutsche Geschichte vom Ende des Alten Reiches bis zum Untergang der Weimarer Republik. München: C. H. Beck, 2000.

Winkler, Heinrich August: Der lange Weg nach Westen II. Deutsche Geschichte vom „Dritten Reich" bis zur Wiedervereinigung. München: C.H. Beck, 2000.

Zacharias, Diana: Die sog. Ewigkeitsgarantie des Art. 79 Abs. 3 GG, in: Thiel, Markus (Hrsg.): Wehrhafte Demokratie. Tübingen: Mohr Siebeck, 2003, S. 57 – 98.